Dr. Oetker

Waffeln

Dr. Oetker

Waffeln

Dr. Oetker Verlag

VORWORT

Wenn der verführerische Duft von frisch gebackenen Waffeln lockt, wissen alle: Jetzt wird es richtig lecker!

Überraschen Sie Ihre Lieben doch einmal zum Sonntagsfrühstück mit Waffeln. Viele Teige sind blitzschnell gerührt, die meisten können schon am Vorabend zubereitet werden und warten dann im Kühlschrank auf ihren Auftritt. Schnell noch das Waffeleisen auf den Tisch stellen und es kann losgehen. Jeder backt seine Waffel selbst und Sie sind die beste Frau, Freundin oder Mami der Welt! Ob trendige Marshmallow- oder klassische Lütticher Waffeln – feiner Genuss ist in jedem Fall garantiert. So wird ein gewöhnlicher Sonntag zu etwas ganz Besonderem und Männer und Kinder strahlen um die Wette.

Der Morgen ist schon anders verplant? Dann backen Sie die Waffeln einfach am Nachmittag. Alle sitzen gemütlich beieinander, aromatischer Tee oder Kaffee dampft in der Tasse. Bleibt nur die Qual der Wahl, ob Sie Marzipan-Sahne-Waffeln, Hamburger Kaffee-Waffeln oder doch vielleicht lieber Double-Choc-Waffeln zubereiten. Da quengelt garantiert niemand, dass er schon aufstehen will.

Und sollten wider Erwarten Waffeln übrig sein, kein Problem! Einfach am nächsten Tag mit etwas Konfitüre oder Nuss-Nougat-Creme bestreichen, zusammensetzen und einpacken. Etwas Obst dazu und der Pausensnack ist fertig.

Sizilianische Ricotta-Honig-Waffeln 7–8 Waffeln

PRO WAFFEL: E: 8 g, F: 25 g, Kh: 53 g, kJ: 1995, kcal: 477, BE: 4,5
ZUBEREITUNGSZEIT: 45 Minuten, ohne Abkühlzeit

ZUM VORBEREITEN:

1 Bio-Orange (unbehandelt, ungewachst)

5 EL Schlagsahne

2–3 EL flüssiger Honig, z. B. Orangenblütenhonig

125 g Ricotta (ital. Frischkäse)

FÜR DEN RÜHRTEIG:

75 g Butter oder Margarine (zimmerwarm)

75 g Zucker

1 Prise Salz

2 Eier (Größe M)

200 g Weizenmehl

2 gestr. TL Dr. Oetker Backin

25 g gem., geröstete Mandeln

FÜR DEN OBSTSALAT:

½ kleine Zuckermelone, z. B. Ogen-, Charentais- oder Honigmelone

2 EL Zitronensaft

3–4 Stängel Pfefferminze

FÜR DIE MANDELSAHNE:

200 g Schlagsahne (mind. 30 % Fett)

1–2 TL flüssiger Honig (z. B. Orangenblütenhonig)

2 EL Zitronensaft

1 EL Mandelsirup oder -likör

ZUM BESTÄUBEN:

etwas Puderzucker

1. Zum Vorbereiten Orange heiß abwaschen und abtrocken. Die Schale fein abreiben und beiseitestellen. Die Orange halbieren und den Saft auspressen. Saft in einer Rührschüssel mit Sahne, Honig und Ricotta glatt rühren.

2. Für den Teig Butter oder Margarine mit einem Mixer (Rührstäbe) auf höchster Stufe geschmeidig rühren. Nach und nach Zucker und Salz unterrühren. So lange rühren, bis eine gebundene Masse entstanden ist.

3. Eier nach und nach unterrühren (jedes Ei etwa ½ Minute). Mehl mit Backpulver mischen und auf mittlerer Stufe kurz unterrühren. Die Mandeln abwechselnd mit der Ricottacreme ebenfalls kurz unterrühren. Den Teig etwa 5 Minuten ruhen lassen.

4. Inzwischen für den Obstsalat aus der Melone die Kerne mit einem Löffel entfernen. Melone zunächst vierteln, dann das Fruchtfleisch herausschneiden, würfeln und in eine Schüssel geben. Zitronensaft hinzufügen. Minze abspülen, trocken tupfen und die Blättchen von den Stängeln zupfen. Blättchen grob schneiden und unter die Melonenwürfel mischen.

5. Für die Mandelsahne die Sahne steif schlagen, mit Honig und Zitronensaft abschmecken. Sirup oder Likör unterrühren.

6. Das Waffeleisen erhitzen und evtl. leicht fetten, dabei die Herstelleranleitung beachten.

7. Pro Waffel etwa 2 Esslöffel Teig in das Waffeleisen geben, vorsichtig verstreichen. Die Waffeln goldbraun backen, herausnehmen und einzeln auf einem Kuchenrost erkalten lassen.

8. Die Waffeln mit Puderzucker bestäuben, mit Obstsalat und Mandelsahne servieren.

mit Alkohol, wenn Sie es möchten

Stollenwaffeln 7–8 Waffeln

PRO WAFFEL: E: 10 g, F: 25 g, Kh: 63 g, kJ: 2176, kcal: 520, BE: 5,0
ZUBEREITUNGSZEIT: 45 Minuten, ohne Einweich- und Abkühlzeit

ZUM VORBEREITEN:

150 g Rosinen
200 ml Apfelsaft (lauwarm)

FÜR DEN RÜHRTEIG:

100 g Butter oder Margarine (zimmerwarm)
75 g Zucker
1 Pck. Dr. Oetker Vanillin-Zucker
1 Ei (Größe M)
½ gestr. TL gem. Zimt
1 gestr. TL Lebkuchengewürz
½ Pck. Dr. Oetker Finesse Geriebene Zitronenschale
125 g Magerquark
200 g Weizenmehl
2 ½ gestr. TL Dr. Oetker Backin
100 g abgezogene, gem. Mandeln
je 50 g gewürfeltes Orangeat und Zitronat (Sukkade)

ZUM BESTREICHEN UND BESTÄUBEN:

50 g Butter
30 g Puderzucker

1. Zum Vorbereiten Rosinen in eine Schale geben, mit Apfelsaft übergießen und etwa 30 Minuten einweichen.

2. Das Waffeleisen erhitzen und evtl. leicht fetten, dabei die Herstelleranleitung beachten.

3. Für den Teig Butter oder Margarine mit einem Mixer (Rührstäbe) auf höchster Stufe geschmeidig rühren. Nach und nach Zucker und Vanillin-Zucker unterrühren. So lange rühren, bis eine gebundene Masse entstanden ist.

4. Das Ei etwa ½ Minute unterrühren. Zimt und Lebkuchengewürz hinzufügen. Zitronenschale und Quark ebenfalls hinzufügen und glatt rühren.

5. Mehl mit Backpulver mischen und abwechselnd mit den Mandeln in 2 Portionen auf mittlerer Stufe kurz unterrühren. Orangeat und Zitronat unterrühren. Zuletzt Rosinen mit dem Apfelsaft (Einweichflüssigkeit) unterheben.

6. Pro Waffel 2–3 Esslöffel Teig in das Waffeleisen geben und leicht verstreichen. Die Waffeln goldbraun backen, dann herausnehmen. Heiße Waffeln mit Butter bestreichen und etwas dicker mit Puderzucker bestäuben. Die Waffeln einzeln auf einem Kuchenrost erkalten lassen.

Tipps: Servieren Sie zu den Stollenwaffeln heißen Weihnachtstee oder würzigen Frucht- oder Orangenpunsch.
Das Lebkuchengewürz können Sie durch je 1 Messerspitze gemahlene Nelken, geriebene Muskatnuss und gemahlenen Kardamom ersetzen.

Advent, Advent ...

Hamburger Kaffeewaffeln 8–10 Waffeln

PRO WAFFEL: E: 8 g, F: 22 g, Kh: 45 g, kJ: 1720, kcal: 412, BE: 4,0
ZUBEREITUNGSZEIT: 35 Minuten, ohne Kühlzeit

FÜR DIE MARZIPANCREME:
100 g Marzipan-Rohmasse
150 g Crème fraîche
1 Pck. Dr. Oetker Vanillin-Zucker
6 EL Milch

FÜR DEN OBSTSALAT:
2 Orangen
Orangensaft (von den Orangen)
100 g Physalis (Kapstachelbeeren)
200 g blaue Weintrauben
1 mittelgroße Banane

FÜR DEN TEIG:
5 Eigelb (Größe M)
4 EL lauwarmes Wasser
1 Prise Salz
100 g Zucker
½ Pck. Dr. Oetker Finesse Geriebene Zitronenschale
200 g Weizenmehl
½ gestr. TL Dr. Oetker Backin
20 g fein gem. Kaffeebohnen (geröstet)
75 ml Milch (3,5 % Fett)
75 g zerlassene, abgekühlte Butter

5 Eiweiß (Größe M)
30 g Zartbitter-Raspelschokolade

1. Für die Marzipancreme Marzipan grob raspeln. Crème fraîche in einen hohen Rührbecher geben, mit einem Mixer (Rührstäbe) fast steif schlagen. Nach und nach Marzipanraspel, Vanillin-Zucker und Milch unterrühren. So lange rühren, bis die Masse glatt ist, dann in den Kühlschrank stellen.

2. Für den Salat die Orangen so schälen, dass die weiße Haut mitentfernt wird. Orangen filetieren und dabei den Saft auffangen. Orangenfilets in grobe Stücke schneiden. Physalis aus den Hüllen drücken, abspülen, trocken tupfen und halbieren. Trauben abspülen, abtropfen lassen, halbieren und entkernen. Banane schälen, in Scheiben schneiden, in eine Schüssel geben, mit dem aufgefangenen Orangensaft beträufeln. Restliches Obst untermischen. Den Salat zugedeckt in den Kühlschrank stellen.

3. Für den Teig Eigelb und Wasser mit dem Mixer (Rührstäbe) schaumig schlagen. Salz und die Hälfte des Zuckers nach und nach unterrühren. So lange rühren, bis die Masse hellgelb und cremig ist. Zitronenschale unterrühren.

4. Mehl mit Backpulver und Kaffee mischen. Dann in 2–3 Portionen abwechselnd mit der Milch unter die Eigelbcreme rühren. Die Butter vorsichtig unterrühren. Den Teig etwa 5 Minuten stehen lassen.

5. Inzwischen das Waffeleisen erhitzen und evtl. leicht fetten, dabei die Herstelleranleitung beachten.

6. Das Eiweiß steif schlagen, dabei den restlichen Zucker nach und nach einrieseln lassen. Zunächst den Eischnee, dann die Raspelschokolade vorsichtig unter den Teig heben.

7. Pro Waffel 2–3 Esslöffel Teig in das Waffeleisen geben und leicht verstreichen. Die Waffeln goldbraun backen, herausnehmen und einzeln auf einen Kuchenrost legen. Die Waffeln mit Obstsalat und Marzipancreme servieren.

Glück auf hanseatisch

Tipp: Den Waffelteig mit 1 Prise frisch gemahlenem Kardamom würzen. Statt der Marzipancreme die Waffeln einfach mit steif geschlagener Sahne servieren. Darauf einen Hauch grob gemahlenen schwarzen, roten oder getrockneten grünen Pfeffer streuen.

Fruchtpüreewaffeln 5–6 Waffeln

PRO WAFFEL: E: 7 g, F: 17 g, Kh: 57 g, kJ: 1748, kcal: 417, BE: 5,0
ZUBEREITUNGSZEIT: 45 Minuten, ohne Abkühlzeit

ZUM VORBEREITEN:

150 g frische Himbeeren

130 g abgetropfte Aprikosenhälften (aus der Dose)

FÜR DEN RÜHRTEIG:

100 g Butter oder Margarine (zimmerwarm)

75 g Zucker

2 Eier (Größe M)

150 g Weizenmehl

½ gestr. TL Dr. Oetker Backin

1 Pck. Grießbrei nach klassischer Art

ZUM BESTÄUBEN:

etwas Puderzucker

1. Zum Vorbereiten Himbeeren verlesen, zerdrücken und durch ein Sieb streichen. Aprikosenhälften in einen Rührbecher geben und mit einem Pürierstab pürieren.

2. Das Waffeleisen erhitzen und evtl. leicht fetten, dabei die Herstelleranleitung beachten.

3. Für den Teig Butter oder Margarine mit einem Mixer (Rührstäbe) auf höchster Stufe geschmeidig rühren. Nach und nach Zucker unterrühren. So lange rühren, bis eine gebundene Masse entstanden ist.

4. Die Eier nach und nach unterrühren (jedes Ei etwa ½ Minute). Mehl mit Backpulver mischen und abwechselnd mit dem Grießbreipulver in 2 Portionen auf mittlerer Stufe kurz unterrühren. Den Teig halbieren.

5. Unter eine Teighälfte das Himbeermark, unter die andere Teighälfte das Aprikosenpüree rühren.

6. Von jedem Teig etwa 1–1 ½ Esslöffel in Klecksen in das Waffeleisen verteilen. Die Waffeln goldbraun backen, herausnehmen und einzeln auf einem Kuchenrost erkalten lassen.

7. Die Waffeln mit Puderzucker bestäubt servieren.

Tipps: Die Fruchtpüreewaffeln mit Joghurteis servieren. Sie können die Waffeln auch mit tiefgekühlten Himbeeren zubereiten, dann die Himbeeren vorher auftauen lassen. Statt Himbeeren können Sie auch Erdbeeren verwenden, diese dann putzen, abspülen, entstielen und pürieren. Sie färben den Teig jedoch nicht so stark wie Himbeeren.

doppelt fruchtig

Mascarpone-Waffeln 9–10 Doppelwaffeln
(Brüsseler Waffeleisen)

PRO WAFFEL: E: 5 g, F: 15 g, Kh: 45 g, kJ: 1433, kcal: 343, BE: 4,0
ZUBEREITUNGSZEIT: 55 Minuten, ohne Abkühlzeit

FÜR DEN RÜHRTEIG:

50 g Butter oder Margarine (zimmerwarm)

250 g Mascarpone (ital. Frischkäse)

125 g Zucker

1 Pck. Dr. Oetker Vanillin-Zucker

abgeriebene Schale von **½** Bio-Orange (unbehandelt, ungewachst)

2 Eier (Größe M)

150 g Weizenmehl

50 g Speisestärke

½ gestr. TL Dr. Oetker Backin

50 ml Orangensaft (von der Orange)

FÜR DEN BELAG:

2–3 Orangen

125 g kernlose grüne Weintrauben

½ Pck. ungezuckerter Tortenguss, klar (oder 1 geh. TL Speisestärke)

25 g Zucker

100 ml Orangensaft (von den Orangen)

25 ml Zitronensaft

ZUM BESTÄUBEN UND GARNIEREN:

etwas Puderzucker

einige vorbereitete Minzeblättchen

1. Das Waffeleisen erhitzen und evtl. leicht fetten, dabei die Herstelleranleitung beachten.

2. Für den Teig Butter oder Margarine und Mascarpone mit einem Mixer (Rührstäbe) auf höchster Stufe geschmeidig rühren. Nach und nach Zucker und Vanillin-Zucker unterrühren. So lange rühren, bis eine gebundene Masse entstanden ist. Orangenschale hinzufügen.

3. Die Eier nach und nach unterrühren (jedes Ei etwa ½ Minute). Mehl mit Speisestärke und Backpulver mischen, abwechselnd mit dem Orangensaft in 2 Portionen auf mittlerer Stufe kurz unterrühren.

4. Pro Waffel 2–3 Esslöffel Teig in das Waffeleisen geben und leicht verstreichen. Die Waffeln goldbraun backen, herausnehmen und einzeln auf einem Kuchenrost erkalten lassen.

5. Für den Belag die Orangen so schälen, dass die weiße Haut mitentfernt wird. Anschließend Orangen filetieren und den Saft dabei auffangen. Die Weintrauben abspülen, trocken tupfen und halbieren.

6. Tortengusspulver oder Speisestärke mit Zucker in einem Topf mischen, Orangen- und Zitronensaft hinzufügen und gut verrühren. Die Zutaten unter Rühren zum Kochen bringen. Den Topf von der Kochstelle nehmen und das vorbereitete Obst unterheben.

7. Jeweils einen gut gehäuften Esslöffel der Fruchtmasse in die Mitte der Waffeln geben und erkalten lassen. Waffeln mit Puderzucker bestäuben und mit abgespülten, trocken getupften Minzeblättchen garnieren.

mit Orangen und Weintrauben

Vanillejoghurt-Waffeln mit Erdbeeren 6–7 Waffeln

PRO WAFFEL: E: 9 g, F: 21 g, Kh: 44 g, kJ: 1695, kcal: 405, BE: 3,5
ZUBEREITUNGSZEIT: 40 Minuten, ohne Abkühlzeit

FÜR DEN RÜHRTEIG:

125 g Butter oder Margarine (zimmerwarm)

100 g gesiebter Puderzucker

4 Eier (Größe M)

150 g Weizenmehl

1 Pck. Saucenpulver Vanille-Geschmack zum Kochen

300 g Vanillejoghurt (3,5 % Fett)

FÜR DIE BEILAGE:

250 g Erdbeeren

abgeriebene Schale und **1 EL** Saft von **½** Bio-Zitrone (unbehandelt, ungewachst)

ZUM BESTÄUBEN:

etwas Puderzucker

1. Das Waffeleisen erhitzen und evtl. leicht fetten, dabei die Herstelleranleitung beachten.

2. Für den Teig Butter oder Margarine mit einem Mixer (Rührstäbe) auf höchster Stufe geschmeidig rühren. Nach und nach den Puderzucker unterrühren. So lange rühren, bis eine gebundene Masse entstanden ist.

3. Die Eier nach und nach unterrühren (jedes Ei etwa ½ Minute). Mehl mit Saucenpulver mischen und abwechselnd mit dem Joghurt in 2 Portionen auf mittlerer Stufe kurz unterrühren.

4. Pro Waffel 2–3 Esslöffel Teig in das Waffeleisen geben und leicht verstreichen. Die Waffeln goldbraun backen, herausnehmen und einzeln auf einem Kuchenrost erkalten lassen.

5. Für die Beilage Erdbeeren abspülen, abtropfen lassen, entstielen und in Scheiben schneiden. Zitronenschale mit Zitronensaft verrühren und auf den Erdbeerscheiben verteilen.

6. Die Waffeln mit den Erdbeerscheiben belegen und mit Puderzucker bestäuben.

Tipp: An heißen Tagen werden die Waffeln, mit einer Kugel Vanilleeis serviert, unwiderstehlich.

voller Aroma

Haferflockenwaffeln mit Aprikosen 8–9 Doppelwaffeln (Brüsseler Waffeleisen)

PRO WAFFEL: E: 7 g, F: 18 g, Kh: 33 g, kJ: 1378, kcal: 329, BE: 2,5
ZUBEREITUNGSZEIT: 45 Minuten, ohne Abkühlzeit

ZUM VORBEREITEN:

125 g kernige Haferflocken
125 g Butterschmalz
100 g getr. Aprikosen

FÜR DEN TEIG:

4 Eier (Größe M)
125 g Birnenschmaus (fruchtiger Brotaufstrich)
100 g Weizenmehl
3 EL Milch (3,5 % Fett)

1. Zum Vorbereiten Haferflocken in einer Pfanne ohne Fett unter gelegentlichem Wenden goldgelb rösten. Anschließend auf einen Teller geben und erkalten lassen. Butterschmalz zunächst in einem Topf zerlassen, dann in eine Rührschüssel geben und erkalten lassen. Getrocknete Aprikosen in kleine Würfel schneiden.

2. Für den Teig das wieder etwas fest gewordene Butterschmalz und die Eier mit einem Mixer (Rührstäbe) geschmeidig rühren. Dann den Birnenschmaus unterrühren.

3. Das Waffeleisen erhitzen und evtl. leicht fetten, dabei die Herstelleranleitung beachten.

4. Mehl mit Haferflocken mischen, abwechselnd mit der Milch in 2 Portionen auf mittlerer Stufe kurz unterrühren. Die Aprikosenwürfel unterheben.

5. Pro Waffel 2–3 Esslöffel Teig in das Waffeleisen geben und leicht verstreichen. Die Waffeln goldbraun backen, herausnehmen und einzeln auf einem Kuchenrost erkalten lassen.

Tipp: Die Waffeln mit Vanillesauce servieren.

Stück für Stück ein Genuss

Chai-Mandelmilch-Waffeln 6–7 Waffeln

PRO WAFFEL: E: 7 g, F: 16 g, Kh: 63 g, kJ: 1785, kcal: 427, BE: 5,5
ZUBEREITUNGSZEIT: 45 Minuten, ohne Zieh- und Abkühlzeit

FÜR DEN CHAI-MANDEL-TEE:

1 kleines Stück frischer Ingwer (15–20 g)

150 ml Mandelmilch (Reformhaus oder Bioladen)

2–3 Kardamomkapseln

2 TL loser schwarzer Tee

1 Stange Zimt (oder **½ TL** gem. Zimt)

2 Gewürznelken

FÜR DAS KIRSCHKOMPOTT:

350 g abgetropfte Sauerkirschen (aus dem Glas)

Sauerkirschsaft (von den Kirschen)

20 g Speisestärke

1 Prise gem. Zimt

1–2 gestr. EL Zucker

FÜR DEN TEIG:

80 g laktosefreie Butter oder Margarine (zimmerwarm)

60 g Zucker

1 Prise Salz

3 EL flüssiger Honig

3 Eier (Größe M)

175 g Mehl (z. B. glutenfreies Mehl; Reformhaus oder Bioladen)

2 gestr. TL Dr. Oetker Backin

20 g geschälte Sesamsamen

ZUM BESTÄUBEN:

etwas Puderzucker

1. Für den Tee Ingwer schälen und fein reiben oder schneiden. Dann mit der Mandelmilch in einem kleinen Topf kurz aufkochen lassen. Kardamomkapseln zerdrücken. Tee, Kardamom, Zimt und Nelken hinzufügen. Den Topf von der Kochstelle nehmen und die Mischung etwa 5 Minuten ziehen lassen. Dann durch ein feines Sieb in eine Schüssel gießen und abkühlen lassen.

2. Für das Kompott von den Kirschen den Saft auffangen. Speisestärke mit 6 Esslöffeln von dem Saft anrühren. Restlichen Saft, Zimt und Zucker in einem Topf zum Kochen bringen. Angerührte Speisestärke in die von der Kochstelle genommene Flüssigkeit rühren, dann unter Rühren nochmals kurz aufkochen lassen. Die Sauerkirschen unterrühren. Kompott abkühlen lassen.

3. Für den Teig Butter oder Margarine, Zucker und Salz in einer Rührschüssel mit einem Mixer (Rührstäbe) so lange schlagen, bis eine cremige Masse entstanden ist. Dann den Honig gut unterrühren. Nach und nach die Eier (jedes Ei etwa ½ Minute) unterrühren. Mehl mit Backpulver und Sesam mischen. Die Mehlmischung abwechselnd mit dem Tee in 2–3 Portionen unter die Creme rühren. Teig etwa 3–5 Minuten stehen lassen.

4. Inzwischen das Waffeleisen erhitzen und evtl. leicht fetten, dabei die Herstelleranleitung beachten.

5. Pro Waffel 2–3 Esslöffel Teig in das Waffeleisen geben und leicht verstreichen. Die Waffeln goldbraun backen, herausnehmen und einzeln auf einem Kuchenrost erkalten lassen.

6. Die Waffeln mit Puderzucker bestäuben und mit dem Kirschkompott servieren.

Tipps: Das Waffeleisen nicht zu voll füllen, denn der Teig ist zunächst beim Backen sehr flüssig. Die Waffeln müssen etwas länger backen als Waffeln aus Weizenmehl.

laktosefrei – knusperzart

Apfelwaffeln 7–8 Waffeln

PRO WAFFEL: E: 5 g, F: 16 g, Kh: 40 g, kJ: 1390, kcal: 333, BE: 3,5
ZUBEREITUNGSZEIT: 45 Minuten, ohne Abkühlzeit

FÜR DEN RÜHRTEIG:

275 g säuerliche Äpfel, z. B. Braeburn
2–3 EL Zitronensaft
1 EL Zucker
100 g Butter oder Margarine (zimmerwarm)
125 g Zucker
1 Pck. Dr. Oetker Vanillin-Zucker
½ gestr. TL gem. Zimt
3 Eier (Größe M)
200 g Weizenmehl
½ gestr. TL Dr. Oetker Backin
75 g Crème fraîche

1. Für den Teig Äpfel schälen, vierteln, entkernen und raspeln. Die Apfelraspel mit Zitronensaft und Zucker mischen. Apfelraspel beiseitestellen.

2. Das Waffeleisen erhitzen und evtl. leicht fetten, dabei die Herstelleranleitung beachten.

3. Butter oder Margarine mit einem Mixer (Rührstäbe) auf höchster Stufe geschmeidig rühren. Nach und nach Zucker, Vanillin-Zucker und Zimt unterrühren. So lange rühren, bis eine gebundene Masse entstanden ist.

4. Die Eier nach und nach unterrühren (jedes Ei etwa ½ Minute). Mehl mit Backpulver mischen, abwechselnd mit Crème fraîche in 2 Portionen auf mittlerer Stufe kurz unterrühren. Zuletzt die Apfelraspel unterrühren.

5. Pro Waffel 2–3 Esslöffel Teig in das Waffeleisen geben und leicht verstreichen. Die Waffeln goldbraun backen, herausnehmen und einzeln auf einem Kuchenrost erkalten lassen.

Tipps: Rühren Sie nach Belieben 50–75 g Rosinen oder Korinthen unter den Teig. Servieren Sie die restliche Crème fraîche dazu. Bestreuen Sie die Waffeln mit Zimt-Zucker.

paradiesisch

Cranberry-Waffeln 8–9 Waffeln

PRO WAFFEL: E: 7 g, F: 14 g, Kh: 56 g, kJ: 1581, kcal: 378, BE: 4,5
ZUBEREITUNGSZEIT: 50 Minuten, ohne Abkühlzeit

FÜR DEN ALL-IN-TEIG:
225 g Weizenmehl
50 g Speisestärke
75 g Zucker
1 Pck. Dr. Oetker Vanillin-Zucker
3 Eier (Größe M)
100 g Butter (zimmerwarm)
300 g Vanillejoghurt (3,5 % Fett)
75 ml Milch (3,5 % Fett)
125 g getr. Cranberrys
etwa 40 g Hagelzucker

1. Das Waffeleisen erhitzen und evtl. leicht fetten, dabei die Herstelleranleitung beachten.

2. Für den Teig Mehl mit Speisestärke in einer Rührschüssel mischen. Zucker, Vanillin-Zucker, Eier, Butter, Joghurt und Milch hinzufügen. Die Zutaten mit einem Mixer (Rührstäbe) zunächst kurz auf niedrigster, dann auf höchster Stufe in etwa 2 Minuten zu einem glatten Teig verarbeiten. Die Cranberrys unterheben.

3. Pro Waffel 2–3 Esslöffel Teig in das Waffeleisen geben und leicht verstreichen. Die Teigoberfläche gleichmäßig mit je 1 Teelöffel Hagelzucker bestreuen. Die Waffeln goldbraun backen, herausnehmen und einzeln auf einem Kuchenrost erkalten lassen.

Lebkuchenwaffeln 11–12 Waffeln (ohne Foto)

PRO WAFFEL: E: 6 g, F: 14 g, Kh: 46 g, kJ: 1399, kcal: 334, BE: 4,0
ZUBEREITUNGSZEIT: 60 Minuten, ohne Abkühlzeit

FÜR DEN RÜHRTEIG:
150 g Butter oder Margarine (zimmerwarm)
50 g flüssiger Honig, z. B. Akazienhonig
150 g Zucker
1 Pck. Dr. Oetker Vanillin-Zucker
3 gestr. TL Lebkuchengewürz
1 Prise Salz
4 Eier (Größe M)
350 g Weizenmehl
4 gestr. TL Dr. Oetker Backin
250 ml Milch (3,5 % Fett)

1. Das Waffeleisen erhitzen und evtl. leicht fetten, dabei die Herstelleranleitung beachten.

2. Für den Teig Butter oder Margarine in einer Rührschüssel mit einem Mixer (Rührstäbe) auf höchster Stufe geschmeidig rühren. Nach und nach Honig, Zucker, Vanillin-Zucker, Lebkuchengewürz und Salz unterrühren. So lange rühren, bis eine gebundene Masse entstanden ist. Die Eier nach und nach unterrühren (jedes Ei etwa ½ Minute). Mehl mit Backpulver mischen, in 2 Portionen abwechselnd mit der Milch auf mittlerer Stufe kurz unterrühren.

3. Pro Waffel 2–3 Esslöffel Teig in das Waffeleisen geben und leicht verstreichen. Die Waffeln goldbraun backen, herausnehmen und einzeln auf einem Kuchenrost erkalten lassen.

für den Beerenhunger

Dinkelwaffeln mit Datteln 6–7 Waffeln

PRO WAFFEL: E: 9 g, F: 20 g, Kh: 56 g, kJ: 1830, kcal: 438, BE: 4,5
ZUBEREITUNGSZEIT: 45 Minuten, ohne Abkühlzeit

FÜR DEN RÜHRTEIG:

125 g Butter oder Margarine (zimmerwarm)

100 g brauner Zucker

1 Pck. Dr. Oetker Bourbon-Vanille-Zucker

4 Eier (Größe M)

250 g Dinkelmehl (Type 630)

1 gestr. TL Dr. Oetker Backin

150 ml Mineralwasser (medium)

125 g getrocknete Datteln, in kleine Würfel geschnitten

1. Das Waffeleisen erhitzen und evtl. leicht fetten, dabei die Herstelleranleitung beachten.

2. Die Butter oder Margarine mit einem Mixer (Rührstäbe) auf höchster Stufe geschmeidig rühren. Nach und nach Zucker und Vanille-Zucker unterrühren. So lange rühren, bis eine gebundene Masse entstanden ist.

3. Die Eier nach und nach unterrühren (jedes Ei etwa ½ Minute). Mehl mit Backpulver mischen und abwechselnd mit dem Mineralwasser in 2 Portionen auf mittlerer Stufe kurz unterrühren. Zuletzt die Dattelwürfel unterheben.

4. Pro Waffel 2–3 Esslöffel Teig in das Waffeleisen geben und leicht verstreichen. Die Waffeln goldbraun backen, herausnehmen und einzeln auf einem Kuchenrost erkalten lassen.

Tipp: Dazu schmeckt ein Klecks Hagebuttenkonfitüre oder Orangenmarmelade. Geben Sie nach Belieben eine Messerspitze gemahlenen Kardamom mit in den Teig.

Lecker dazu: Ziegenfrischkäse-Nocken (5–6 Portionen). Dafür 1 Bio-Zitrone (unbehandelt, ungewachst) heiß abwaschen, abtrocknen und knapp 1 Teelöffel von der Schale fein abreiben. Anschließend die Zitrone halbieren und den Saft auspressen. 125 g milden Ziegenfrischkäse mit Zitronensaft, -schale und 125 g Crème légère in einer großen Schüssel mit einem Schneebesen glatt rühren. 1 Beutel aus 1 Päckchen Gelatine fix nach und nach unter kräftigem Rühren einstreuen, dann noch etwa 1 Minute weiterrühren. Zuletzt 35 g Zucker und 2–3 Esslöffel flüssigen Honig gut unterrühren. 250 g Schlagsahne (mind. 30 % Fett) steif schlagen, dann unter die Frischkäsemasse heben. Die Frischkäsecreme in eine Schüssel geben und zugedeckt 2–3 Stunden in den Kühlschrank stellen. Von der Frischkäsecreme mit einem Löffel Nocken (Löffel jeweils vor dem Abstechen der Nocken in heißes Wasser tauchen) abstechen und jeweils 2 Nocken auf einer Waffel anrichten.

orientalisch

Fruchtige Ringelwaffeln 6–7 Waffeln

PRO WAFFEL: E: 7 g, F: 22 g, Kh: 60 g, kJ: 2007, kcal: 480, BE: 5,0
ZUBEREITUNGSZEIT: 45 Minuten

FÜR DEN HELLEN RÜHRTEIG:

150 g Butter oder Margarine (zimmerwarm)

100 g Zucker

½ Pck. Dr. Oetker Finesse Geriebene Zitronenschale

3 Eier (Größe M)

250 g Weizenmehl

½ gestr. TL Dr. Oetker Backin

175 ml Apfelsaft

FÜR DEN ROTEN RÜHRTEIG:

½ Pck. Rote-Grütze Himbeer-Geschmack (Dessertpulver)

FÜR DIE FRUCHTGRÜTZE:

250 ml Apfelsaft

20 g Zucker

½ Pck. Rote-Grütze Himbeer-Geschmack (Dessertpulver)

150 g TK-Himbeeren

1. Für den Teig Butter oder Margarine mit einem Mixer (Rührstäbe) auf höchster Stufe geschmeidig rühren. Nach und nach Zucker unterrühren. So lange rühren, bis eine gebundene Masse entstanden ist. Zitronenschale hinzufügen.

2. Die Eier nach und nach unterrühren (jedes Ei etwa ½ Minute). Mehl mit Backpulver mischen, abwechselnd mit dem Apfelsaft in 2 Portionen auf mittlerer Stufe kurz unterrühren.

3. Das Waffeleisen erhitzen und evtl. leicht fetten, dabei die Herstelleranleitung beachten.

4. Für den roten Teig 2–3 Esslöffel (etwa 125 g) von dem hellen Teig abnehmen. Rote-Grütze-Pulver (etwa 20 g) unterrühren. Den roten Teig in einen kleinen Gefrierbeutel füllen und eine kleine Spitze abschneiden.

5. Jeweils den roten Teig aus dem Gefrierbeutel in Form einer dünnen Spirale auf den unteren Waffeleisenboden spritzen. Pro Waffel 2–3 Esslöffel des hellen Teiges daraufgeben und vorsichtig verstreichen (so bleibt das Muster schön).

6. Die Waffeln goldbraun backen, herausnehmen und einzeln auf einen Kuchenrost legen.

7. Für die Fruchtgrütze aus Apfelsaft, Zucker und Rote-Grütze-Pulver (etwa 20 g) eine rote Grütze nach Packungsanleitung zubereiten. Anschließend die Himbeeren unterheben.

8. Die Waffeln warm oder kalt mit der Fruchtgrütze servieren.

Tipp: Statt mit TK-Himbeeren kann die Fruchtgrütze auch mit einer TK-Beerenmischung zubereitet werden.

farbenfroh

Griechische Hefewaffeln 7–8 Waffeln

(Brüsseler Waffeleisen)

PRO WAFFEL: E: 12 g, F: 27 g, Kh: 57 g, kJ: 2197, kcal: 525, BE: 5,0
ZUBEREITUNGSZEIT: 50 Minuten, ohne Zieh- und Abkühlzeit
GEHZEIT: etwa 50 Minuten

ZUM VORBEREITEN:

1 kleiner Stängel Rosmarin (ersatzweise **1 TL** gerebelter Rosmarin)

200 ml Milch (3,5 % Fett)

2 EL flüssiger Honig

FÜR DEN TEIG:

25 g frische Hefe

1 Bio-Zitrone (unbehandelt, ungewachst)

350 g Weizenmehl

75 g Zucker

1 Prise Salz

125 g Butter (zimmerwarm)

3 Eier (Größe M)

ZUM BESTREUEN:

50 g gehackte Pistazienkerne

1–2 EL geschälte Sesamsamen

FÜR DIE FRISCHKÄSECREME:

3–4 EL Orangensaft

50 g Ziegenfrischkäse (cremig-mild)

250 g Joghurt (10 % Fett)

2–3 EL flüssiger Honig

1. Zum Vorbereiten Rosmarin abspülen, trocken tupfen und die Nadeln vom Stängel zupfen. Nadeln grob hacken. Milch mit Rosmarin in einem Topf lauwarm erwärmen. Honig unterrühren. Die Milch 5 Minuten ziehen lassen, dann durch ein feines Sieb in eine Schüssel gießen.

2. Für den Teig Hefe in die Milch bröckeln und unterrühren, zugedeckt etwa 5 Minuten gehen lassen.

3. Zitrone heiß abwaschen, abtrocknen und die Schale fein abreiben. Zitronenschale, Mehl, Zucker und Salz in einer Rührschüssel mischen. Butter und Hefemilch hinzufügen. Die Zutaten mit einem Mixer (Knethaken) zunächst kurz auf niedrigster, dann auf höchster Stufe in etwa 5 Minuten zu einem glatten Teig verarbeiten. Den Teig zugedeckt so lange an einem warmem Ort gehen lassen, bis er sich sichtbar vergrößert hat, etwa 45 Minuten.

4. Inzwischen Pistazien und Sesam nacheinander in einer Pfanne ohne Fett unter Wenden rösten, dann auf Tellern erkalten lassen. Für die Frischkäsecreme Saft, Frischkäse, Joghurt und Honig in einer Schüssel glatt rühren.

5. Das Waffeleisen erhitzen und evtl. leicht fetten, dabei die Herstelleranleitung beachten. Pro Waffel 2–3 Esslöffel Teig in das Waffeleisen geben, vorsichtig verstreichen. Die Waffeln goldbraun backen, herausnehmen und auf einem Kuchenrost erkalten lassen.

6. Waffeln mit Frischkäsecreme, Pistazien und Sesamsamen servieren.

Tipps: Die Waffeln schmecken warm serviert am besten. Statt Ziegenfrischkäse Doppelrahm-Frischkäse verwenden.

aromatisch – dauert länger

Hugo-Waffeln 7–8 Waffeln

PRO WAFFEL: E: 8 g, F: 35 g, Kh: 59 g, kJ: 2450, kcal: 586, BE: 5,0
ZUBEREITUNGSZEIT: 45 Minuten, ohne Zieh- und Abkühlzeit

ZUM VORBEREITEN:

50 ml Wasser
4 Beutel (je 1,75 g) Grüner Tee Zitrone
175 g Butter oder Margarine

FÜR DEN SCHÜTTELTEIG:

300 g Weizenmehl
125 g Rohrzucker
3 Eier (Größe M)
25 ml Limettensaft
200 ml Milch (3,5 % Fett) **oder**
200 g Schlagsahne

ZUM BELEGEN:

einige Zitronenmelisseblättchen

FÜR DIE HOLUNDERBLÜTENSAHNE:

200 g Schlagsahne (mind. 30 % Fett)
4 EL Holunderblütensirup

1. Zum Vorbereiten Wasser zum Kochen bringen. Den Tee aus den Teebeuteln nehmen und in das heiße Wasser geben. Butter oder Margarine in einem Topf zerlassen. Den aufgebrühten Tee unterrühren und etwa 10 Minuten ziehen lassen. Anschließend die Teebutter durch ein feines Sieb in eine Schüssel gießen und abkühlen lassen.

2. Das Waffeleisen erhitzen und evtl. leicht fetten, dabei die Herstelleranleitung beachten.

3. Für den Teig Mehl in eine verschließbare Schüssel (3-Liter-Inhalt) geben, mit Rohrzucker mischen. Eier, Limettensaft, Milch oder Sahne und die Teebutter hinzufügen.

4. Schüssel mit dem Deckel fest verschließen. Mehrmals (insgesamt 15–30 Sekunden) kräftig schütteln, sodass alle Zutaten gut vermischt sind. Alles mit einem Schneebesen oder Rührlöffel nochmals sorgfältig durchrühren, damit vor allem trockene Zutaten vom Rand und Deckel mit untergerührt werden.

5. Zum Belegen Zitronenmelisseblättchen abspülen und trocken tupfen.

6. Pro Waffel 2–3 Esslöffel Teig in das Waffeleisen geben und leicht verstreichen. Auf die Teigoberfläche 3–5 Zitronenmelisseblättchen (große Blätter halbieren) legen. Die Waffeln goldbraun backen, herausnehmen und einzeln auf einem Kuchenrost erkalten lassen.

7. Die Sahne steif schlagen. Holunderblütensirup unterheben und die Sahne zu den Waffeln servieren. Nach Belieben mit einigen vorbereiteten Zitronenmelisseblättchen garnieren.

mit Holunderblütensahne

Lütticher Waffeln 7–8 Waffeln (Brüsseler Waffeleisen)

PRO WAFFEL: E: 10 g, F: 25 g, Kh: 69 g, kJ: 2301, kcal: 550, BE: 6,0
ZUBEREITUNGSZEIT: 50 Minuten, ohne Abkühlzeit
GEHZEIT: 45 Minuten

FÜR DEN TEIG:

200 ml Milch (3,5 % Fett)
2 TL Zucker
25 g frische Hefe
350 g Weizenmehl
1 Prise Salz
1 Pck. Dr. Oetker Vanillin-Zucker
3 Eier (Größe M)
150 g Butter oder Margarine (zimmerwarm)

FÜR DIE JOGHURTCREME:

100 g Schlagsahne (mind. 30 % Fett)
200 g Joghurt (3,5 % Fett)
1–2 EL Zitronensaft
2–3 EL Puderzucker

200 g Grümmel oder Teezucker (zerstoßener brauner Kandiszucker)

1. Für den Teig die Milch in einem Topf lauwarm erwärmen. Den Topf von der Kochstelle nehmen. Zucker hinzufügen und Hefe hineinbröckeln. Die Zutaten gut miteinander verrühren und zugedeckt etwa 5 Minuten stehen lassen.

2. Inzwischen Mehl mit Salz und Vanillin-Zucker in einer Rührschüssel mischen. Eier, Hefemilch und Butter oder Margarine hinzufügen. Die Zutaten mit einem Mixer (Knethaken) zunächst kurz auf niedrigster, dann auf höchster Stufe in 2–3 Minuten zu einem glatten Teig verkneten. Den Teig zugedeckt so lange an einem warmen Ort gehen lassen, bis er sich sichtbar vergrößert hat, etwa 45 Minuten.

3. Für die Joghurtcreme Sahne steif schlagen. Joghurt mit Zitronensaft und Puderzucker in einer Schüssel glatt rühren. Die Sahne vorsichtig unterheben. Joghurtcreme bis zum Servieren zugedeckt in den Kühlschrank stellen.

4. Das Waffeleisen erhitzen und evtl. leicht fetten, dabei die Herstelleranleitung beachten.

5. Den Teig mit dem Mixer (Knethaken) nochmals verkneten, dabei den Grümmel oder Teezucker unterarbeiten.

6. Pro Waffel 2–3 Esslöffel Teig in das Waffeleisen geben und leicht verstreichen. Die Waffeln goldbraun backen, herausnehmen, auf einen Kuchenrost legen und abkühlen lassen.

7. Die lauwarmen Lütticher Waffeln mit der Joghurtcreme servieren.

Tipps: Zu den Lütticher Waffeln schmeckt Obstsalat. Dafür etwa 800 g gemischtes Obst der Saison abspülen und trocken tupfen bzw. schälen, in mundgerechte Stücke schneiden und mit 2 Esslöffeln Zitronensaft vermischen. Statt Grümmel oder Teezucker können Sie für diese Waffeln auch Hagelzucker verwenden.

klassisch – dauert länger

Grüne Waldmeisterwaffeln 8–10 Waffeln

PRO WAFFEL: E: 11 g, F: 24 g, Kh: 37 g, kJ: 1700, kcal: 406, BE: 3,0
ZUBEREITUNGSZEIT: 50 Minuten, ohne Kühlzeit

75 g Butter oder Margarine (zimmerwarm)

FÜR DAS SÜSSE PESTO:

1 Bund Zitronenmelisse
8 Stängel Pfefferminze
1 EL cremiger Honig
50 g geröstete Pinienkerne
2 EL Nussöl, z. B. Walnussöl
abgeriebene Schale und **2–3 TL** Saft von ½ Bio-Zitrone (unbehandelt, ungewachst)
20 g ger. weiße Schokolade

FÜR DEN JOGHURT-DIP:

100 g Schlagsahne (mind. 30 % Fett)
200 g Joghurt (3,5 % Fett)
3 knapp geh. EL Puderzucker

FÜR DEN TEIG:

100 g Magerquark
1 Beutel aus 1 Pck. Götterspeise Waldmeister-Geschmack
100 g Schlagsahne
120 ml Getränkesirup Waldmeister-Geschmack (aus der Flasche)
4 Eiweiß (Größe M)
1 Prise Salz
4 Eigelb (Größe M)
2 EL lauwarmes Wasser
30 g Zucker
abgeriebene Schale von ½ Bio-Zitrone (unbehandelt, ungewachst)
200 g Weizenmehl
1 gestr. TL Dr. Oetker Backin
2–3 TL Zitronensaft (von der ½ Bio-Zitrone)

1. Butter oder Margarine zerlassen, in eine Schüssel umfüllen und wieder leicht fest werden lassen.

2. Für das Pesto Kräuter abspülen, trocken tupfen und die Blättchen von den Stängeln zupfen. Kräuterblättchen klein schneiden und in einen hohen Rührbecher geben. Honig und Pinienkerne hinzufügen. Die Zutaten mit einem Pürierstab pürieren. Nach und nach das Öl hinzufügen. Die Zutaten zu einem cremigen Pesto verarbeiten. Zuletzt Zitronenschale, -saft und Schokolade untermixen. Pesto zugedeckt in den Kühlschrank stellen.

3. Für den Dip die Sahne steif schlagen. Joghurt mit Puderzucker zunächst in einer Schüssel verrühren, dann die Sahne unterheben. Den Dip in den Kühlschrank stellen.

4. Für den Teig vorbereitete Butter oder Margarine, Quark, Götterspeisepulver, Sahne und Sirup verrühren. Quarkmischung etwa 5 Minuten stehen lassen.

5. Inzwischen Eiweiß mit Salz steif schlagen. Der Eischnee muss so fest sein, dass ein Messerschnitt sichtbar bleibt. Eischnee in den Kühlschrank stellen.

6. Eigelb, Wasser, Zucker und Zitronenschale mit einem Mixer (Rührstäbe) auf höchster Stufe so lange rühren, bis eine cremige Masse entstanden ist. Quarkmischung unterrühren. Mehl mit Backpulver mischen und auf mittlerer Stufe kurz unterrühren. Zuletzt den Zitronensaft unterrühren.

7. Das Waffeleisen erhitzen und evtl. leicht fetten, dabei die Herstelleranleitung beachten.

8. Pro Waffel 2–3 Esslöffel Teig in das Waffeleisen geben und leicht verstreichen. Die Waffeln goldbraun backen, herausnehmen, auf einen Kuchenrost legen und erkalten lassen.

9. Die Waffeln mit Joghurt-Dip und süßem Pesto servieren.

für Kinder

Orangenwaffeln mit Aperol-Sahne 7–8 Waffeln

PRO WAFFEL: E: 6 g, F: 22 g, Kh: 47 g, kJ: 1740, kcal: 416, BE: 4,0
ZUBEREITUNGSZEIT: 50 Minuten, ohne Abkühlzeit

ZUM VORBEREITEN:
1 Bio-Orange (unbehandelt, ungewachst)

FÜR DEN TEIG:
100 g Butter oder Margarine (zimmerwarm)
50 g Puderzucker
1 Prise Salz
3 Eier (Größe M)
75 g Orangenmarmelade
175 g Weizenmehl
50 g Speisestärke
1 gestr. TL Dr. Oetker Backin

FÜR DIE APEROL-SAHNE:
1–2 TL Puderzucker
1 Pck. Sahnesteif
200 g Schlagsahne (mind. 30 % Fett)
2–4 EL Aperol (Bitter Aperitif)

ZUM BESTÄUBEN:
etwas Puderzucker

1. Zum Vorbereiten die Orange heiß abwaschen und abtrocknen. Die Schale fein abreiben und beiseitestellen. Orange halbieren, den Saft auspressen und ebenfalls beiseitestellen.

2. Für den Teig Butter oder Margarine mit einem Mixer auf höchster Stufe geschmeidig rühren. Puderzucker, Salz und beiseitegestellte Orangenschale unterrühren.

3. Eier nach und nach unterrühren (jedes Ei etwa ½ Minute). Dann die Marmelade ebenfalls gut unterrühren. Mehl und Speisestärke mit Backpulver mischen und abwechselnd mit dem beiseitegestellten Orangensaft auf mittlerer Stufe kurz unterrühren. Den Teig etwa 5 Minuten stehen lassen.

4. Inzwischen das Waffeleisen erhitzen und evtl. leicht fetten, dabei die Herstelleranleitung beachten.

5. Pro Waffel 2–3 Esslöffel Teig in das Waffeleisen geben und leicht verstreichen. Die Waffeln goldbraun backen, herausnehmen und einzeln auf einem Kuchenrost erkalten lassen.

6. Inzwischen für die Aperol-Sahne den Puderzucker mit Sahnesteif mischen. Sahne steif schlagen, dabei nach und nach die Puderzucker-Mischung hinzufügen. Aperol auf mittlerer Stufe kurz unterrühren.

7. Die Waffeln mit Puderzucker bestäuben und mit der Aperol-Sahne servieren.

Tipp: Essen Kinder mit, ersetzen Sie den Aperol durch einen Fruchtsirup Ihrer Wahl.

mit Alkohol – fruchtig

Buchweizenwaffeln mit Pflaumen-Schmand 10–12 Waffeln

PRO WAFFEL: E: 6 g, F: 20 g, Kh: 38 g, kJ: 1477, kcal: 353, BE: 3,0
ZUBEREITUNGSZEIT: 60 Minuten, ohne Kühl- und Ruhezeit

FÜR DEN WALNUSSKARAMELL:

75 g Zucker
75 g gehackte Walnusskerne
1 Prise gem. Zimt

FÜR DEN TEIG:

3 Eier (Größe M)
70 g Zucker
1 Prise gem. Zimt
150 g Zitronenjoghurt (glutenfrei)
250 ml Milch (3,5 % Fett)
75 g zerlassene, abgekühlte Butter oder Margarine (zimmerwarm)
150 g Buchweizenmehl (Reformhaus oder Bio-Laden)
50 g Speisestärke
2 gestr. TL Dr. Oetker Backin

FÜR DEN PFLAUMEN-SCHMAND:

75 g Schlagsahne (mind. 30 % Fett)
200 g Schmand (Sauerrahm)
2–3 EL Pflaumenmus (aus dem Glas)
1 Prise gem. Zimt

ZUM BESTÄUBEN:

2 EL Puderzucker
1 Pck. Dr. Oetker Vanillin-Zucker

1. Für den Karamell zunächst ein Backblech mit Backpapier belegen. Dann Zucker in einer unbeschichteten Pfanne (am besten aus Edelstahl) goldbraun karamellisieren. Gehackte Nüsse und Zimt kurz unterrühren. Nusskaramell auf dem Backpapier verteilen und erkalten lassen.

2. Für den Teig Eier, Zucker und Zimt mit einem Mixer (Rührstäbe) so lange verrühren, bis eine gebundene Masse entstanden ist. Joghurt, Milch und kalte, noch flüssige Butter unterrühren. Mehl mit Stärke und Backpulver mischen, in 2–3 Portionen über die Ei-Mischung sieben und unterrühren. Dabei darauf achten, dass keine Klümpchen entstehen. Den Teig etwa 10 Minuten stehen lassen.

3. Inzwischen für den Pflaumen-Schmand Sahne steif schlagen, Schmand unterrühren. Anschließend das Pflaumenmus streifig unter die Creme ziehen, mit Zimt bestäuben, dann in den Kühlschrank stellen.

4. Das Waffeleisen erhitzen und evtl. leicht fetten, dabei die Herstelleranleitung beachten.

5. Walnusskaramell vom Papier lösen und in feine Stücke hacken oder brechen, dann unter den Teig rühren.

6. Pro Waffel 2–3 Esslöffel Teig in das Waffeleisen geben und leicht verstreichen. Die Waffeln goldbraun backen, herausnehmen und einzeln auf einen Kuchenrost legen.

7. Puderzucker mit Vanillin-Zucker mischen. Die Waffeln damit bestäuben und mit Pflaumen-Schmand servieren.

Tipp: Zitronenjoghurt wird mit und ohne Gluten angeboten. Für das Rezept sind beide Sorten geeignet.

glutenfrei

Erdnuss-Crunch-Waffeln 7–8 Waffeln

(Brüsseler Waffeleisen)

PRO WAFFEL: E: 10 g, F: 28 g, Kh: 54 g, kJ: 2132, kcal: 509, BE: 4,5
ZUBEREITUNGSZEIT: 35 Minuten, ohne Abkühlzeit

ZUM VORBEREITEN:

75 g Cornflakes mit Honig und Erdnussstückchen

250 g Weizenmehl

1 gestr. TL Dr. Oetker Backin

FÜR DEN TEIG:

100 g Butter oder Margarine (zimmerwarm)

30 g Zucker

1 Pck. Dr. Oetker Vanillin-Zucker

50 g flüssiger Honig

3 Eigelb (Größe M)

200 g Buttermilch

FÜR DAS PREISELBEER-TOPPING:

200 g Schlagsahne (mind. 30 % Fett)

75 g Doppelrahm-Frischkäse

1 EL Zitronensaft

3–4 EL Wild-Preiselbeeren (aus dem Glas)

AUSSERDEM:

3 Eiweiß (Größe M)

1 Prise Salz

ZUM BESTÄUBEN:

etwas Puderzucker

1. Zum Vorbereiten Cornflakes evtl. portionsweise in einen Gefrierbeutel geben. Den Beutel fest verschließen. Cornflakes mit einer Teigrolle fein zerbröseln. Mehl, Backpulver und Cornflakesbrösel in einer Schüssel mischen.

2. Für den Teig Butter oder Margarine mit einem Mixer (Rührstäbe) geschmeidig rühren. Zucker, Vanillin-Zucker und Honig hinzufügen und so lange rühren, bis eine gebundene Masse entstanden ist. Eigelb unterrühren. Die Cornflakes-Mehl-Mischung in 2 Portionen abwechselnd mit der Buttermilch unterrühren. Den Teig etwa 10 Minuten stehen lassen.

3. Inzwischen für das Topping die Sahne steif schlagen. Frischkäse mit dem Zitronensaft in eine Rührschüssel geben und mit einem Mixer (Rührstäbe) zu einer glatten Masse verrühren. Zunächst die Preiselbeeren kurz auf mittlerer Stufe unterrühren, dann die Sahne unterheben.

4. Das Waffeleisen erhitzen und evtl. leicht fetten, dabei die Herstelleranleitung beachten.

5. Eiweiß mit Salz steif schlagen. Der Eischnee muss so fest sein, dass ein Messerschnitt sichtbar bleibt. Eischnee unter den Waffelteig ziehen.

6. Pro Waffel 2–3 Esslöffel Teig in das Waffeleisen geben und leicht verstreichen. Die Waffeln goldbraun backen, herausnehmen und einzeln auf einem Kuchenrost erkalten lassen.

7. Waffeln leicht mit Puderzucker bestäuben und mit Preiselbeer-Topping servieren.

für Kinder

Buttermilchwaffeln mit Orangencreme 11–12 Waffeln

PRO WAFFEL: E: 5 g, F: 10 g, Kh: 41 g, kJ: 1150, kcal: 274, BE: 3,5
ZUBEREITUNGSZEIT: 65 Minuten, ohne Abkühlzeit

FÜR DEN SCHÜTTELTEIG:
275 g Weizenmehl
50 g Speisestärke
2 gestr. TL Dr. Oetker Backin
100 g Zucker
1 Pck. Dr. Oetker Vanillin-Zucker
1 Pck. Dr. Oetker Finesse Orangenschalenaroma
75 ml Speiseöl, z. B. Sonnenblumenöl
500 g Frucht-Buttermilch Multivitamin

FÜR DIE ORANGENSAUCE UND -CREME
1 Pck. Saucenpulver Vanille-Geschmack ohne Kochen
125 ml Orangensaft
250 g Ricotta (ital. Frischkäse)

ZUM GARNIEREN:
einige Zesten und Filets einer Bio-Orange (unbehandelt, ungewachst)

1. Das Waffeleisen erhitzen und evtl. leicht fetten, dabei die Herstelleranleitung beachten.

2. Für den Teig Mehl mit Speisestärke und Backpulver mischen, in eine verschließbare Schüssel (3-Liter-Inhalt) geben. Zucker, Vanillin-Zucker und Orangenaroma untermischen. Speiseöl und Buttermilch hinzufügen.

3. Die Schüssel mit dem Deckel fest verschließen. Mehrmals (insgesamt 15–30 Sekunden) kräftig schütteln, sodass alle Zutaten gut vermischt sind. Anschließend alles mit einem Schneebesen oder Rührlöffel nochmals sorgfältig durchrühren, damit vor allem trockene Zutaten vom Rand und Deckel mit untergerührt werden.

4. Pro Waffel 2–3 Esslöffel Teig in das Waffeleisen geben und leicht verstreichen. Die Waffeln goldbraun backen, herausnehmen und einzeln auf einem Kuchenrost erkalten lassen.

5. Für die Orangensauce Saucenpulver mit Orangensaft nach Packungsanleitung zubereiten.

6. Für die Orangencreme Ricotta mit zwei Dritteln der Orangensauce geschmeidig rühren. 1 Esslöffel der Creme auf jede Waffel geben und mit der restlichen Orangensauce beträufeln.

7. Die Waffeln mit Orangenzesten und -filets garnieren.

Tipp: Servieren Sie die Orangensauce und -creme separat zu den gebackenen Waffeln, so kann nichts durchweichen.

frisch und fruchtig

Zitronen-Polenta-Waffeln 11–12 Waffeln

(Brüsseler Waffeleisen)

PRO WAFFEL: E: 6 g, F: 20 g, Kh: 34 g, kJ: 1477, kcal: 353, BE: 3,0
ZUBEREITUNGSZEIT: 45 Minuten, ohne Abkühlzeit

FÜR DEN TEIG:

4 Eigelb (Größe M)
abgeriebene Schale von **2** Bio-Zitronen (unbehandelt, ungewachst)
1 Prise Salz
200 g Buttermilch
1 EL flüssiger Honig
50 g Schlagsahne
150 g Polenta (Maisgrieß)
25 g Speisestärke, z. B. Maisstärke

FÜR DIE CASSISCREME:

200 g Schlagsahne (mind. 30 % Fett)
1 Beutel aus **1 Pck.** Dr. Oetker Gelatine-Fix
100 ml schwarzer Johannisbeernektar
3 EL Cassislikör
1 Pck. Dr. Oetker Bourbon-Vanille-Zucker
1 Prise gem. Zimt
100 g Schmand (Sauerrahm)

AUSSERDEM FÜR DEN TEIG:

120 g Butter oder Margarine
1 Pck. Dr. Oetker Bourbon-Vanille-Zucker
100 g Zucker
125 g feines Maismehl
1 gestr. TL Dr. Oetker Backin
4 Eiweiß (Größe M)
1 Prise Salz

1. Für den Teig Eigelb, Zitronenschale, Salz, Buttermilch, Honig und Sahne mit einem Mixer (Rührstäbe) schaumig schlagen. Polenta mit Stärke mischen und unterrühren. Den Teig zugedeckt etwa 20 Minuten stehen lassen.

2. Inzwischen für die Cassiscreme die Sahne steif schlagen. Gelatinepulver nach und nach hinzufügen und unterrühren. Nektar, Likör, Vanille-Zucker und Zimt unterrühren. Nach und nach den Schmand unterheben. Die Cassiscreme zugedeckt in den Kühlschrank stellen.

3. Das Waffeleisen erhitzen und evtl. leicht fetten, dabei die Herstellerangaben beachten.

4. Für den Teig Butter oder Margarine zerlassen und etwas abkühlen lassen. Vanille-Zucker und Zucker unter den Teig rühren. Maismehl mit Backpulver mischen, evtl. sieben und ebenfalls unterrühren. Dann Butter oder Margarine unterrühren. Eiweiß mit Salz steif schlagen. Der Eischnee muss so fest sein, dass ein Messerschnitt sichtbar bleibt. Eischnee in 2–3 Portionen unter den Teig heben.

5. Pro Waffel 2–3 Esslöffel Teig in das Waffeleisen geben und leicht verstreichen. Die Waffeln goldbraun backen, herausnehmen und einzeln auf einem Kuchenrost erkalten lassen.

6. Die Waffeln mit der Cassiscreme servieren.

Tipp: Essen Kinder mit, ersetzen Sie den Likör durch einen Getränkesirup. Bestäuben Sie die Waffeln nach Belieben mit etwas Puderzucker.

mit Alkohol – glutenfrei

Eierwaffeln mit Maracujacreme 8–9 Waffeln

PRO WAFFEL: E: 12 g, F: 24 g, Kh: 43 g, kJ: 1823, kcal: 436, BE: 3,5
ZUBEREITUNGSZEIT: 40 Minuten, ohne Abkühlzeit

FÜR DEN TEIG:

60 g Butter oder Margarine (zimmerwarm)

75 g Zucker

abgeriebene Schale von **1** Bio-Zitrone (unbehandelt, ungewachst)

5 Eigelb (Größe M)
200 g Weizenmehl
50 g Speisestärke
½ gestr. TL Dr. Oetker Backin
200 g Schlagsahne

FÜR DIE MARACUJACREME:

175 g Doppelrahm-Frischkäse
150 g Magerquark
3 EL Maracuja-Sirup (Passionsfrucht-Sirup)

AUSSERDEM:

5 Eiweiß (Größe M)
1 Prise Salz
1 Pck. Dr. Oetker Vanillin-Zucker

ZUM BESTÄUBEN:

etwas Puderzucker

1. Für den Teig Butter oder Margarine, Zucker und Zitronenschale in eine Rührschüssel geben. Die Zutaten mit einem Mixer (Rührstäbe) auf höchster Stufe so lange rühren, bis eine gebundene Masse entstanden ist. Eigelb unterrühren. Mehl mit Stärke und Backpulver mischen, abwechselnd mit der Sahne in 2 Portionen auf mittlerer Stufe kurz unterrühren. Den Teig etwa 5 Minuten stehen lassen.

2. Inzwischen für die Maracujacreme Frischkäse in einen Rührbecher geben und mit dem Mixer (Rührstäbe) glatt rühren. Quark unterrühren, sodass eine glatte Creme entsteht. Den Sirup unterrühren. Die Creme bis zum Servieren zugedeckt in den Kühlschrank stellen.

3. Das Eiweiß steif schlagen, dabei Salz und Vanillin-Zucker einrieseln lassen. Der Eischnee muss so fest sein, dass ein Messerschnitt sichtbar bleibt.

4. Das Waffeleisen erhitzen und evtl. leicht fetten, dabei die Herstelleranleitung beachten.

5. Zunächst die Hälfte des Eischnees mit dem Mixer (Rührstäbe) auf mittlerer Stufe kurz unter den Teig rühren. Anschließend den restlichen Eischnee mit einem Teigschaber unterziehen.

6. Pro Waffel 2–3 Esslöffel Teig in das Waffeleisen geben und vorsichtig verstreichen. Die Waffeln goldbraun backen, herausnehmen und auf einem Kuchenrost erkalten lassen.

7. Die Waffeln mit Puderzucker bestäuben und mit der Maracujacreme servieren.

Tipp: Verwenden sie statt der Zitronenschale 2–3 Esslöffel Mandelsirup oder 3–4 Tropfen Bittermandel-Aroma.

unwiderstehlich

Ostfriesenwaffeln 12 kleine Waffeln

PRO WAFFEL: E: 4 g, F: 12 g, Kh: 29 g, kJ: 1026, kcal: 246, BE: 2,5
ZUBEREITUNGSZEIT: 45 Minuten, ohne Abkühlzeit

FÜR DEN TEIG:

3 Eiweiß (Größe M)
250 g Crème double
100 g Grümmel (zerstoßener brauner Kandiszucker)
1 Pck. Dr. Oetker Bourbon-Vanille-Zucker
3 Eigelb (Größe M)
225 g Weizenmehl
1 gestr. TL Dr. Oetker Backin

AUSSERDEM:

4–6 EL Pflaumenmus oder Konfitüre
4–6 EL steif geschlagene Sahne (mind. 30 % Fett)

1. Für den Teig Eiweiß steif schlagen und beiseitestellen.

2. Das Waffeleisen erhitzen und evtl. leicht fetten, dabei die Herstelleranleitung beachten.

3. Crème double, Grümmel und Vanille-Zucker in eine Rührschüssel geben und mit einem Mixer (Rührstäbe) auf höchster Stufe glatt rühren.

4. Eigelb nach und nach unterrühren. Mehl mit Backpulver mischen und in 2 Portionen auf mittlerer Stufe kurz unterrühren. Zuletzt den Eischnee unterheben.

5. Aus dem Teig etwa 12 kleine Waffeln backen. Dazu pro Waffel nur 1 gehäuften Esslöffel Teig in die Mitte des Waffeleisens geben, sodass das Waffeleisen nicht bis zum Rand gefüllt ist. Die Waffeln goldbraun backen, herausnehmen und einzeln auf einem Kuchenrost erkalten lassen.

6. Die Waffeln jeweils mit einem kleinen Klecks Pflaumenmus oder Konfitüre und steif geschlagener Sahne servieren.

Tipps: Dazu schwarzen Ostfriesentee mit flüssiger Sahne und „Kluntje" (Kandiszucker) reichen. Anstelle von Crème double können Sie auch Crème fraîche oder Schmand verwenden.

wie im Urlaub

Waffeln mit Limetten-Basilikum-Creme 7–8 Waffeln

PRO WAFFEL: E: 12 g, F: 22 g, Kh: 42 g, kJ: 1733, kcal: 414, BE: 3,5
ZUBEREITUNGSZEIT: 45 Minuten, ohne Abkühlzeit

FÜR DEN RÜHRTEIG:

80 g Butter oder Margarine (zimmerwarm)
60 g Zucker
1 Prise Salz
1 Pck. Dr. Oetker Vanillin-Zucker
abgeriebene Schale von **1** Bio-Limette (unbehandelt, ungewachst)
3 Eier (Größe M)
175 g Weizenmehl
2 gestr. TL Dr. Oetker Backin
50 g Weichweizengrieß
225 ml Milch (3,5 % Fett)
50 g geröstete Pinienkerne

FÜR DIE LIMETTEN-BASILIKUM-CREME:

je 3 Stängel Basilikum und Minze
½ Bund Zitronenmelisse
2 EL brauner Zucker
2 EL flüssiger Honig
1 TL mildes Nussöl, z. B. Haselnussöl
abgeriebene Schale von **1** Bio-Limette (unbehandelt, ungewachst)
100 g Mascarpone (ital. Frischkäse)
Limettensaft (von der Bio-Limette)
150 g Magerquark

ZUM BESTÄUBEN:

etwas Puderzucker

1. Für den Teig Butter oder Margarine mit einem Mixer (Rührstäbe) auf höchster Stufe geschmeidig rühren. Nach und nach Zucker, Salz, Vanillin-Zucker und Limettenschale unterrühren. So lange rühren, bis eine gebundene Masse entstanden ist.

2. Eier nach und nach unterrühren (jedes Ei etwa ½ Minute). Mehl mit Backpulver und Grieß mischen, abwechselnd mit der Milch in 2 Portionen auf mittlerer Stufe kurz unterrühren. Pinienkerne hacken und ebenfalls unterrühren. Den Teig etwa 10 Minuten stehen lassen.

3. Inzwischen für die Limetten-Basilikum-Creme die Kräuter abspülen, trocken tupfen und die Blättchen von den Stängeln zupfen. Blättchen fein schneiden, mit 1 Teelöffel Zucker in einen Mörser oder einen hohen Rührbecher geben. Die Kräuter fein mörsern oder mit einem Pürierstab pürieren. Honig, Öl und Limettenschale unterarbeiten.

4. Mascarpone in einen hohen Rührbecher geben, mit dem Mixer (Rührstäbe) steif schlagen. Restlichen Zucker und Limettensaft nach und nach unterrühren. Quark esslöffelweise unterrühren. Das Kräuterpüree in Schlieren darunterziehen. Die Creme in eine Schüssel füllen und zugedeckt in den Kühlschrank stellen.

5. Das Waffeleisen erhitzen und evtl. leicht fetten, dabei die Herstellerangaben beachten.

6. Pro Waffel 2–3 Esslöffel Teig in das Waffeleisen geben und leicht verstreichen. Die Waffeln goldbraun backen, herausnehmen und einzeln auf einem Kuchenrost erkalten lassen.

7. Die Waffeln mit Puderzucker bestäuben und mit der Limetten-Basilikum-Creme servieren.

originell

Marshmallow-Waffeln „Deli-Style" 7–8 Waffeln

PRO WAFFEL: E: 9 g, F: 32 g, Kh: 55 g, kJ: 2314, kcal: 553, BE: 4,5
ZUBEREITUNGSZEIT: 40 Minuten, ohne Abkühlzeit

ZUM VORBEREITEN:
200 g Marshmallows
30 g Butter oder Margarine
250 g Schlagsahne
4 Eiweiß (Größe M)
50 g Zucker

FÜR DEN TEIG:
4 Eigelb (Größe M)
1 Pck. Dr. Oetker Bourbon-Vanille-Zucker
je 1 Msp. gem. Nelken, Anis und Zimt
½ gestr. TL Salz
200 g Weizenmehl

FÜR DAS TOPPING:
80 g Zartbitter-Schokolade (etwa 50 % Kakaoanteil)
250 g Schlagsahne (mind. 30 % Fett)

1. Zum Vorbereiten Marshmallows, Butter oder Margarine und Sahne in einem Topf unter ständigem Rühren bei mittlerer Hitze schmelzen. Die Mischung abkühlen lassen. Eiweiß mit einem Mixer (Rührstäbe) auf höchster Stufe steif schlagen. Der Schnee muss so fest sein, dass ein Messerschnitt sichtbar bleibt. Nach und nach Zucker einrieseln lassen. Dabei so lange schlagen, bis der Eischnee stark glänzt. Eischnee in den Kühlschrank stellen.

2. Für den Teig Eigelb in einer Rührschüssel mit dem Mixer (Rührstäbe) schaumig schlagen. Dabei Vanille-Zucker, Gewürze und Salz unterrühren.

3. Das Mehl in 2 Portionen abwechselnd mit der Marshmallowmasse unter die Eigelbcreme rühren. Zuletzt den Eischnee in 2–3 Portionen gleichmäßig unter den Teig heben.

4. Das Waffeleisen erhitzen und evtl. leicht fetten, dabei die Herstelleranleitung beachten.

5. Pro Waffel 2–3 Esslöffel Teig in das Waffeleisen geben und leicht verstreichen. Die Waffeln goldbraun backen, dabei darauf achten, dass der Deckel des Waffeleisens nur lose aufliegt, da die Waffeln deutlich aufgehen. Waffeln herausnehmen und einzeln auf einem Kuchenrost erkalten lassen.

6. Für das Topping Schokolade hacken, mit 50 g von der Sahne im heißen Wasserbad bei schwacher Hitze unter Rühren schmelzen, leicht abkühlen lassen. Restliche Sahne steif schlagen und so unter die Schokoladensahne ziehen, dass ein Marmormuster steht.

7. Waffeln mit Schokoladensahne und Topping servieren.

trendy – für Kinder

Amarettini-Waffeln

7–8 Waffeln (Brüsseler Waffeleisen)

PRO WAFFEL: E: 6 g, F: 14 g, Kh: 45 g, kJ: 1382, kcal: 329, BE: 3,5
ZUBEREITUNGSZEIT: 50 Minuten, ohne Abkühlzeit

FÜR DEN RÜHRTEIG:

150 g Amarettini (ital. Mandelmakronen)

2 geh. TL Instant-Kaffeepulver

125 ml heißes Wasser

100 g Butter oder Margarine (zimmerwarm)

50 g Zucker

1 Pck. Dr. Oetker Bourbon-Vanille-Zucker

3 Eier (Größe M)

150 g Weizenmehl

ZUM BESTREUEN:

etwa 40 g Hagelzucker

1. Für den Teig Amarettini in einen großen Gefrierbeutel geben und den Beutel verschließen. Amarettini mit einer Teigrolle fein zerbröseln. Kaffeepulver im heißen Wasser unter Rühren auflösen und erkalten lassen.

2. Das Waffeleisen erhitzen und evtl. leicht fetten, dabei die Herstelleranleitung beachten.

3. Butter oder Margarine mit einem Mixer (Rührstäbe) auf höchster Stufe geschmeidig rühren. Nach und nach Zucker und Vanille-Zucker unterrühren. So lange rühren, bis eine gebundene Masse entstanden ist.

4. Die Eier nach und nach unterrühren (jedes Ei etwa ½ Minute). Das Mehl abwechselnd mit den Amarettinibröseln und dem Kaffeepulver in 2 Portionen auf mittlerer Stufe kurz unterrühren.

5. Jeweils etwas Hagelzucker auf den Waffeleisenboden streuen. Pro Waffel 2–3 Esslöffel Teig in das Waffeleisen geben und leicht verteilen. Die Waffeln goldbraun backen, herausnehmen und einzeln auf einem Kuchenrost erkalten lassen oder warm servieren.

Tipps: Aromatischer Cappuccino oder cremiger Latte Macchiato passen sehr gut zu diesen Waffeln. Möchten Sie steif geschlagene Sahne zu den Waffeln servieren, können Sie sie, falls keine Kinder mitessen, mit 2 Esslöffeln Amaretto verfeinern. Auch einige Amarena-Kirschen mit etwas von dem Sirup schmecken ausgezeichnet dazu.

italienisch inspiriert

Spekulatiuswaffeln 6–7 Waffeln

PRO WAFFEL: E: 12 g, F: 30 g, Kh: 41 g, kJ: 2010, kcal: 480, BE: 3,5
ZUBEREITUNGSZEIT: 45 Minuten, ohne Abkühlzeit

FÜR DEN TEIG:

200 g Gewürz-Spekulatius
75 g Weizenmehl
½ gestr. TL Dr. Oetker Backin
50 g gem. Mandeln
75 g Butter oder Margarine (zimmerwarm)
75 g flüssiger Honig, z. B. Akazienhonig
4 Eier (Größe M)
100 ml Milch (3,5 % Fett)

ZUM BESTREUEN:

75 g gehobelte Mandeln

1. Spekulatius evtl. portionsweise in einen Gefrierbeutel geben, den Beutel fest verschließen. Spekulatius mit einer Teigrolle fein zerbröseln.

2. Das Waffeleisen erhitzen und evtl. leicht fetten, dabei die Herstelleranleitung beachten.

3. Mehl mit Backpulver in einer Rührschüssel mischen. Mandeln, Butter oder Margarine, Honig, Eier, Milch und die Spekulatiusbrösel hinzufügen. Die Zutaten mit einem Mixer (Rührstäbe) zunächst kurz auf niedrigster, dann auf höchster Stufe in etwa 2 Minuten zu einem glatten Teig verarbeiten.

4. Jeweils 1 Esslöffel Mandeln gleichmäßig in das Waffeleisen streuen. Pro Waffel 2–3 Esslöffel Teig in das Waffeleisen geben und leicht verstreichen. Die Waffeln goldbraun backen, herausnehmen und einzeln auf einem Kuchenrost erkalten lassen.

Lecker dazu: Chai-Tea. Dafür 1 Liter Milch zum Kochen bringen. 4 Esslöffel schwarzen Tee hineingeben und 2 Minuten leise köcheln lassen. Den Chai durch ein Sieb in 4 Gläser füllen und nach Belieben mit 1–2 Teelöffeln braunem Zucker süßen. Der Tee kann gut nach persönlichem Geschmack mit Gewürzen wie Zimtstange, Gewürznelken, Kardamom und Sternanis gewürzt werden.

Kinder lieben im Winter Fruchtpunsch: Dafür 700 ml–1 Liter Apfelsaft in einen Topf geben. 1 Stück Zimtstange, 1 Sternanis und 2–3 Gewürznelken hinzufügen, erhitzen und evtl. mit wenig Zucker abschmecken. Gewürze entfernen und servieren.

fein würzig

Kokoswaffeln 7–8 Waffeln

PRO WAFFEL: E: 6 g, F: 39 g, Kh: 33 g, kJ: 2113, kcal: 506, BE: 2,5
ZUBEREITUNGSZEIT: 45 Minuten, ohne Abkühlzeit

ZUM VORBEREITEN:
30 g Kokosraspel

FÜR DEN RÜHRTEIG:
175 g Butter oder Margarine (zimmerwarm)
100 g brauner Zucker
3 Eigelb (Größe M)
125 g Weizenmehl
50 g Speisestärke
160 ml Kokosmilch
3 Eiweiß (Größe M)
1 Prise Salz

FÜR DIE KOKOSSAHNE:
200 g Schlagsahne (mind. 30 % Fett)
2 EL Kokosraspel

1. Zum Vorbereiten Kokosraspel in einer Pfanne ohne Fett unter Wenden goldbraun rösten. Anschließend auf einen Teller geben und erkalten lassen.

2. Das Waffeleisen erhitzen und evtl. leicht fetten, dabei die Herstelleranleitung beachten.

3. Für den Teig Butter oder Margarine mit einem Mixer (Rührstäbe) auf höchster Stufe geschmeidig rühren. Nach und nach Zucker unterrühren. So lange rühren, bis eine gebundene Masse entstanden ist.

4. Eigelb nach und nach unterrühren (jedes Eigelb etwa ½ Minute). Mehl mit Speisestärke mischen und mit der Kokosmilch auf mittlerer Stufe kurz unterrühren.

5. Das Eiweiß mit dem Salz steif schlagen. Eischnee unter den Teig heben.

6. Pro Waffel 2–3 Esslöffel Teig in das Waffeleisen geben und leicht verstreichen. Die Waffeln goldbraun backen, herausnehmen und einzeln auf einem Kuchenrost erkalten lassen.

7. Für die Kokossahne die Sahne steif schlagen, Kokosraspel unterrühren. Die Kokossahne mit den gerösteten Kokosraspeln bestreuen und zu den Waffeln reichen.

Tipp: Möchten Sie Kalorien und Fett einsparen, servieren Sie die Waffeln nicht mit Kokossahne, sondern mit Kokosjoghurt. Dafür einfach 2 Esslöffel Kokosraspel unter 200 g Naturjoghurt rühren. Den Joghurt mit den gerösteten Kokosraspeln bestreuen und zu den Waffeln reichen.

schmecken nach Sommer

Marzipan-Sahne-Waffeln 9–10 Waffeln

PRO WAFFEL: E: 7 g, F: 22 g, Kh: 45 g, kJ: 1696, kcal: 405, BE: 3,5
ZUBEREITUNGSZEIT: 60 Minuten, ohne Abkühlzeit

FÜR DEN RÜHRTEIG:

100 g Marzipan-Rohmasse
150 g Butter oder Margarine (zimmerwarm)
150 g Zucker
1 Pck. Dr. Oetker Finesse Geriebene Zitronenschale
3 Eier (Größe M)
250 g Weizenmehl
2 gestr. TL Dr. Oetker Backin
100 g Schlagsahne

ZUM BESTÄUBEN:

etwas Puderzucker

1. Das Waffeleisen erhitzen und evtl. leicht fetten, dabei die Herstelleranleitung beachten.

2. Für den Teig Marzipan in kleine Stücke schneiden und in eine Rührschüssel geben. Butter oder Margarine hinzufügen und mit einem Mixer (Rührstäbe) auf höchster Stufe glatt rühren. Zucker und Zitronenschale hinzufügen. So lange rühren, bis eine gebundene Masse entstanden ist.

3. Die Eier nach und nach unterrühren (jedes Ei etwa ½ Minute). Mehl mit Backpulver mischen, abwechselnd mit der Sahne in 2 Portionen auf mittlerer Stufe kurz unterrühren.

4. Pro Waffel 2–3 Esslöffel Teig in das Waffeleisen geben und leicht verstreichen. Die Waffeln goldbraun backen, herausnehmen und einzeln auf einem Kuchenrost erkalten lassen.

5. Waffeln mit Puderzucker bestäuben und servieren.

Tipp: Die Waffeln mit heißen Kirschen und steif geschlagener Sahne servieren. Essen keine Kinder mit, können Sie die angedickten Kirschen oder die Sahne mit 1–2 Esslöffeln Amaretto oder Kirschwasser verfeinern.

verführerisch

Hefewaffeln 6–7 Waffeln

PRO WAFFEL: E: 6 g, F: 5 g, Kh: 35 g, kJ: 914, kcal: 218, BE: 3,0
ZUBEREITUNGSZEIT: 45 Minuten, ohne Abkühlzeit

FÜR DEN HEFETEIG:
200 g Weizenmehl (Type 550)
1 Pck. Hefeteig Garant
250 ml Milch (1,5 % Fett)
20 g Zucker
1 Prise Salz
1 Ei (Größe M)
15 g Butter oder Margarine (zimmerwarm)

ZUM BESTÄUBEN:
etwas Puderzucker

1. Das Waffeleisen erhitzen und evtl. leicht fetten, dabei die Herstelleranleitung beachten.

2. Für den Teig Mehl in eine Rührschüssel geben und mit Hefeteig Garant mischen. Milch, Zucker, Salz, Ei und Butter oder Margarine hinzufügen. Die Zutaten mit einem Mixer (Knethaken) zunächst kurz auf niedrigster, dann auf höchster Stufe in etwa 2 Minuten zu einem glatten Teig verarbeiten.

3. Pro Waffel 2–3 Esslöffel Teig in das Waffeleisen geben und leicht verstreichen. Die Waffeln goldbraun backen, herausnehmen und einzeln auf einem Kuchenrost erkalten lassen.

4. Waffeln mit Puderzucker bestäuben und servieren.

Tipp: Besonders gut dazu schmeckt Rote Grütze (selbst gemacht oder aus dem Kühlregal).

Lecker dazu: Rote Grütze (4–5 Portionen). Dafür 125 g Erdbeeren, 100 g Himbeeren, 50 g rote Johannisbeeren, 125 g Brombeeren, 100 g schwarze Johannisbeeren verlesen, abspülen, abtropfen lassen und entstielen. Die Beeren in eine Schüssel geben, mit 150 g Zucker bestreuen und zugedeckt etwa 2 Stunden ziehen lassen. Dann die Beeren abtropfen lassen, den Saft auffangen. 180 g Sauerkirschen (aus dem Glas, Saft auffangen) ebenfalls beiseitestellen. Beerensaft und die Hälfte des Sauerkirschsaftes mit 200 ml schwarzem Johannisbeernektar in einen Topf geben. 50 g Perlsago unterrühren und etwa 1 Stunde quellen lassen. Den Saft zum Kochen bringen und so lange bei mittlerer Hitze kochen lassen, bis der Sago glasig ist, dabei gelegentlich umrühren. Zum Schluss Beeren und Sauerkirschen vorsichtig unterrühren. Rote Grütze in eine Schüssel geben und lauwarm oder kalt servieren.

beliebter Klassiker

Fanta* Waffeln 9–10 Waffeln

PRO WAFFEL: E: 7 g, F: 16 g, Kh: 53 g, kJ: 1613, kcal: 385, BE: 4,5
ZUBEREITUNGSZEIT: 60 Minuten, ohne Abkühlzeit

FÜR DEN ALL-IN-TEIG:
400 g Weizenmehl
1 Pck. Dr. Oetker Backin
150 g Zucker
4 Eier (Größe M)
150 g Butter oder Margarine (zimmerwarm)
150 ml Fanta Orange (Limonade)

ZUM BESTÄUBEN:
etwas Puderzucker

1. Das Waffeleisen erhitzen und evtl. leicht fetten, dabei die Herstelleranleitung beachten.

2. Für den Teig Mehl mit Backpulver in einer Rührschüssel mischen. Zucker, Eier, Butter oder Margarine und Fanta hinzufügen. Die Zutaten mit einem Mixer (Rührstäbe) zunächst kurz auf niedrigster, dann auf höchster Stufe in etwa 2 Minuten zu einem glatten Teig verarbeiten.

3. Pro Waffel 2–3 Esslöffel Teig in das Waffeleisen geben und leicht verstreichen. Die Waffeln goldbraun backen, herausnehmen und einzeln auf einem Kuchenrost erkalten lassen.

4. Waffeln mit Puderzucker bestäuben und servieren.

Tipp: Die Waffeln schmecken auch warm sehr gut. Anstelle der Orangenlimonade können Sie auch Zitronenlimonade oder Mineralwasser verwenden. Waffeln mit Orangenfilets und steif geschlagener Sahne servieren. Noch fruchtiger schmecken die Waffeln, wenn Sie zusätzlich 1 Päckchen Dr. Oetker Finesse Orangenschalenaroma unter den Teig rühren. Knuspriger werden die Waffeln, wenn Sie für den Teig vorher die Butter oder Margarine zerlassen, wieder etwas fest werden lassen und anschließend kurz aufschlagen.

* Rezept nicht durch Coca-Cola autorisiert.

fruchtig

Kirmes-Waffeln 6–7 Waffeln (Brüsseler Waffeleisen)

PRO WAFFEL: E: 19 g, F: 35 g, Kh: 89 g, kJ: 3155, kcal: 754, BE: 7,5
ZUBEREITUNGSZEIT: 50 Minuten, ohne Abkühlzeit
GEHZEIT: etwa 40 Minuten

FÜR DAS KIRSCHKOMPOTT:

350 g abgetropfte Sauerkirschen (aus dem Glas)

Sauerkirschsaft (von den Sauerkirschen)

2–3 Maracujas (Passionsfrüchte)

1 ½ gestr. EL Speisestärke

2 EL Zucker

FÜR DEN TEIG:

150 ml Mandelmilch

50 g Honig

25 g frische Hefe

150 g Hirseflocken (Reformhaus oder Bio-Laden)

1 Prise Salz

200 g glutenfreies Mehl (Reformhaus oder Bioladen)

3 Eier (Größe M)

150 g Butter oder Margarine (zimmerwarm)

FÜR DIE KIRMESMANDELN:

100 g Zucker

100 g gehackte Mandeln

abgeriebene Schale von **½** Bio-Zitrone (unbehandelt, ungewachst)

1 Msp. gem. Zimt

FÜR DIE QUARKCREME:

250 g Speisequark (20 % Fett)

1 Pck. Dr. Oetker Bourbon-Vanille-Zucker

1–2 EL Puderzucker

2 EL Zitronensaft

1. Für das Kompott von den Kirschen den Saft auffangen. Maracujas halbieren, Fruchtmark und Kerne herauslösen, durch ein Sieb in eine Schüssel streichen. 5 Esslöffel Kirschsaft mit der Stärke verrühren.

2. Maracujamark, Zucker und restlichen Saft in einem Topf zum Kochen bringen. Die angerührte Stärke unter Rühren in den von der Kochstelle genommenen Saft rühren, dann nochmals kurz aufkochen lassen. Die Kirschen hinzufügen, unterrühren und die Masse etwa ½ Minute kochen lassen. Kompott etwas abkühlen lassen, dann in eine Schüssel geben.

3. Für den Teig Mandelmilch und Honig in einem Topf lauwarm erwärmen. Den Topf von der Kochstelle nehmen, die Hefe hineinbröckeln und unter Rühren darin auflösen. Die Hefemilch zugedeckt etwa 5 Minuten stehen lassen.

4. Inzwischen in der Rührschüssel einer Küchenmaschine Hirseflocken, Salz und Mehl mischen. Hefemilch, Eier und Butter oder Margarine hinzufügen. Die Zutaten mit der Küchenmaschine (Knethaken) mindestens 4 Minuten kneten. Den Teig zugedeckt so lange an einem warmen Ort gehen lassen, bis er sich sichtbar vergrößert hat, etwa 40 Minuten.

5. Inzwischen für die Mandeln Backpapier auf ein Backblech legen. Zucker in einer unbeschichteten Pfanne (am besten aus Edelstahl) bei mittlerer Hitze goldgelb karamellisieren. Mandeln, Zitronenschale und Zimt unterrühren. Die Mischung auf das Backpapier streichen und erkalten lassen. Kirmesmandeln mit einem großen Messer fein hacken.

6. Für die Quarkcreme Quark mit Vanille-, Puderzucker und Zitronensaft in einer Schüssel verrühren, zugedeckt in den Kühlschrank stellen.

7. Das Waffeleisen erhitzen und evtl. leicht fetten, dabei die Herstelleranleitung beachten.

8. Die gehackten Kirmesmandeln unter den Teig rühren. Pro Waffel 2–3 Esslöffel Teig in das Waffeleisen geben und leicht verstreichen. Die Waffeln goldbraun backen, herausnehmen und einzeln auf einem Kuchenrost erkalten lassen.

9. Die Waffeln mit Quarkcreme und Kirschkompott servieren.

Schnelle Nusswaffeln 7–8 Waffeln

PRO WAFFEL: E: 8 g, F: 24 g, Kh: 21 g, kJ: 1395, kcal: 334, BE: 2,0
ZUBEREITUNGSZEIT: 30 Minuten, ohne Abkühlzeit

FÜR DEN ALL-IN-TEIG:

125 g Weizen-Vollkornmehl
1 gestr. TL Dr. Oetker Backin
125 g gem. Haselnusskerne
75 g Apfeldicksaft
1 Prise Salz
3 Eier (Größe M)
150 g saure Sahne
75 g zerlassene, abgekühlte Butter oder Margarine
1 säuerlicher Apfel, z. B. Boskop

1. Das Waffeleisen erhitzen und evtl. leicht fetten, dabei die Herstelleranleitung beachten.

2. Für den Teig Mehl mit Backpulver in einer Rührschüssel mischen. Nusskerne, Apfeldicksaft, Salz, Eier, saure Sahne und Butter oder Margarine hinzufügen.

3. Die Zutaten mit einem Mixer (Rührstäbe) zunächst kurz auf niedrigster, dann auf höchster Stufe in etwa 2 Minuten zu einem glatten Teig verarbeiten.

4. Den Apfel schälen, vierteln, entkernen und grob raspeln. Die Apfelraspel unter den Teig heben.

5. Pro Waffel 2–3 Esslöffel Teig in das Waffeleisen geben und leicht verstreichen. Die Waffeln goldbraun backen, herausnehmen und einzeln auf einem Kuchenrost erkalten lassen.

Tipp: Dazu schmeckt steif geschlagene Zimtsahne.

Lecker dazu: Zimt-Parfait (4–6 Portionen). Dafür 3 Eiweiß (Größe M) steif schlagen, dabei 1 Esslöffel Zucker einrieseln lassen. Dann 3 Eigelb (Größe M) und 75 g Zucker mit einem Mixer (Rührstäbe) cremig schlagen. 1 gehäuften Teelöffel Zimt und 3 Esslöffel Weinbrand unterrühren. Nacheinander der Eischnee und 250 g Crème double vorsichtig unter die Eigelbcreme heben. Parfaitmasse in eine gefrierfeste Form füllen und zugedeckt in den Gefrierschrank stellen. Parfait mindestens 4 Stunden gefrieren lassen. Die Form 10 Minuten vor dem Verzehr aus dem Gefrierschrank nehmen. Form kurz in heißes Wasser tauchen und das Parfait auf eine Platte stürzen. In Scheiben schneiden und servieren.

Hinweis: Nur ganz frische Eier verwenden, die nicht älter als 5 Tage sind (Legedatum beachten).

vollwertig

Brüsseler Waffeln

9–10 Doppelwaffeln (Brüsseler Waffeleisen)

PRO WAFFEL: E: 7 g, F: 29 g, Kh: 31 g, kJ: 1754, kcal: 420, BE: 3,0
ZUBEREITUNGSZEIT: 45 Minuten, ohne Abkühlzeit

FÜR DEN TEIG:

250 g Butter oder Margarine (zimmerwarm)

6 Eier (Größe M)

250 g Weizenmehl

125 g Crème fraîche (zimmerwarm)

½ gestr. TL Salz

ZUM BESTÄUBEN:

100 g Puderzucker

1 Pck. Dr. Oetker Vanillin-Zucker

1. Das Waffeleisen erhitzen und evtl. leicht fetten, dabei die Herstelleranleitung beachten.

2. Für den Teig Butter oder Margarine in einer Rührschüssel mit einem Mixer (Rührstäbe) geschmeidig rühren.

3. Eier in einer Schüssel im heißen Wasserbad schaumig schlagen. Abwechselnd Eierschaummasse und Mehl unter die Butter oder Margarine rühren. Crème fraîche und Salz unterheben.

4. Pro Waffel 3–4 Esslöffel Teig in das Waffeleisen geben und leicht verstreichen. Die Waffeln goldbraun backen, herausnehmen und einzeln auf einen Kuchenrost legen.

5. Zum Bestäuben Puderzucker mit Vanillin-Zucker mischen. Die Waffeln dick damit bestäuben und heiß oder kalt servieren.

Tipp: Erdbeer-, Orangen- oder Kirschsauce und steif geschlagene Sahne zu den Waffeln servieren.

DER Klassiker

Quarkwaffeln 8–9 Waffeln

PRO WAFFEL: E: 7 g, F: 15 g, Kh: 40 g, kJ: 1355, kcal: 324, BE: 3,5
ZUBEREITUNGSZEIT: 40 Minuten, ohne Abkühlzeit

FÜR DEN TEIG:
125 g Butter oder Margarine (zimmerwarm)
100 g Zucker
1 Pck. Dr. Oetker Vanillin-Zucker
3 Eier (Größe M)
abgeriebene Schale von **1** Bio-Zitrone (unbehandelt, ungewachst)
125 g Magerquark
200 g Weizenmehl
1 ½ gestr. TL Dr. Oetker Backin
6 EL Milch
50 g Rosinen

ZUM BESTÄUBEN:
etwas Puderzucker

1. Das Waffeleisen erhitzen und evtl. leicht fetten, dabei die Herstelleranleitung beachten.

2. Butter oder Margarine in einer Rührschüssel mit einem Mixer (Rührstäbe) geschmeidig rühren. Nach und nach Zucker, Vanillin-Zucker, Eier, abgeriebene Zitronenschale und Magerquark hinzufügen.

3. Mehl mit Backpulver mischen und abwechselnd mit der Milch unterrühren. Die Rosinen unterheben.

4. Pro Waffel 2–3 Esslöffel Teig in das Waffeleisen geben und leicht verstreichen. Die Waffeln goldbraun backen, herausnehmen und einzeln auf einem Kuchenrost erkalten lassen.

5. Waffeln mit Puderzucker bestäuben und servieren.

Tipp: Die Quarkwaffeln schmecken mit Kompott, Eis oder steif geschlagener Sahne sehr lecker.

Mit Milchreis wird daraus ein süße Mahlzeit: Dafür 1 l Milch mit 1 Prise Salz, 20 g Zucker, 1 Pck. Dr. Oetker Vanillin-Zucker und 2–3 Stücke dünn abgeschälter Schale von 1 Bio-Zitrone (unbehandelt, ungewachst) in einem Topf zum Kochen bringen. 175 g Milchreis (Rundkornreis) zugeben, umrühren, zum Kochen bringen und mit halb aufgelegtem Deckel bei schwacher Hitze etwa 35 Minuten quellen lassen. Dabei gelegentlich umrühren. Zitronenschale entfernen.

klassisch

Einfache Waffeln 7–8 Waffeln

PRO WAFFEL: E: 6 g, F: 22 g, Kh: 49 g, kJ: 1771, kcal: 423, BE: 4,0
ZUBEREITUNGSZEIT: 30 Minuten

FÜR DEN RÜHRTEIG:

175 g Butter oder Margarine (zimmerwarm)

175 g Zucker
1 Prise Salz
4 Eier (Größe M)
200 g Weizenmehl
1 Pck. Dr. Oetker Pudding-Pulver Vanille-Geschmack

1 gestr. TL Dr. Oetker Backin
100 ml Milch (3,5 % Fett) oder Wasser

ZUM BESTÄUBEN:

etwas Puderzucker

1. Das Waffeleisen erhitzen und evtl. leicht fetten, dabei die Herstelleranleitung beachten.

2. Für den Teig Butter oder Margarine mit einem Mixer (Rührstäbe) auf höchster Stufe geschmeidig rühren. Nach und nach Zucker und Salz unterrühren. So lange rühren, bis eine gebundene Masse entstanden ist.

3. Die Eier nach und nach unterrühren (jedes Ei etwa ½ Minute). Mehl mit Pudding-Pulver und Backpulver mischen, abwechselnd mit Milch oder Wasser in 2 Portionen auf mittlerer Stufe kurz unterrühren.

4. Das Waffeleisen auf mittlere Temperatur zurückschalten.

5. Pro Waffel 2–3 Esslöffel Teig in das Waffeleisen geben und leicht verstreichen. Die Waffeln goldbraun backen, herausnehmen und nebeneinander auf einen Kuchenrost legen.

6. Die Waffeln mit Puderzucker bestäuben und noch warm servieren.

Tipp: Die Waffeln schmecken auch gut als süßer Pausensnack: Erkaltete Waffeln teilen, dünn mit Konfitüre oder Nuss-Nougat-Creme bestreichen. Zwei Waffelteile aufeinanderlegen und gut verpackt mitnehmen. Zusätzlich Obstsalat in einen dicht schließenden Behälter geben und zusammen mit den Waffeln mitnehmen.

schnell gemacht

Bergische Waffeln 8–10 Waffeln

PRO WAFFEL: E: 5 g, F: 13 g, Kh: 39 g, kJ: 1232, kcal: 294, BE: 3,0
ZUBEREITUNGSZEIT: 50 Minuten, ohne Abkühlzeit

FÜR DEN RÜHRTEIG:

125 g Butter oder Margarine (zimmerwarm)

75 g Zucker
1 Pck. Dr. Oetker Vanillin-Zucker
2 Eier (Größe M)
250 g Weizenmehl
½ gestr. TL Dr. Oetker Backin
180 g Buttermilch
2 EL flüssiger Honig, z. B. Akazienhonig

ZUM BESTÄUBEN:

etwas Puderzucker

1. Das Waffeleisen erhitzen und evtl. leicht fetten, dabei die Herstelleranleitung beachten.

2. Für den Teig Butter oder Margarine in einer Rührschüssel mit einem Mixer (Rührstäbe) auf höchster Stufe geschmeidig rühren. Nach und nach Zucker und Vanillin-Zucker unterrühren. So lange rühren, bis eine gebundene Masse entstanden ist.

3. Die Eier nach und nach unterrühren (jedes Ei etwa ½ Minute). Mehl mit Backpulver mischen, abwechselnd mit der Buttermilch in 2 Portionen auf mittlerer Stufe kurz unterrühren. Zuletzt den Honig unterrühren.

4. Pro Waffel 2–3 Esslöffel Teig in das Waffeleisen geben und leicht verstreichen. Die Waffeln goldbraun backen, herausnehmen und einzeln auf einem Kuchenrost erkalten lassen.

5. Die Waffeln mit Puderzucker bestäuben und servieren.

Tipp: Bergische Waffeln werden traditionell mit Pflaumen oder Sauerkirschen, Milchreis, steif geschlagener Sahne sowie mit Schwarzbrot serviert.

Genuss mit Tradition

Double-Choc-Waffeln 8–10 Waffeln

(Brüsseler Waffeleisen)

PRO WAFFEL: E: 9 g, F: 40 g, Kh: 38 g, kJ: 2274, kcal: 543, BE: 3,0
ZUBEREITUNGSZEIT: 50 Minuten, ohne Abkühlzeit

FÜR DEN RÜHRTEIG:

250 g Butter oder Margarine (zimmerwarm)

125 g Zucker

1 Pck. Dr. Oetker Vanillin-Zucker

4 Eigelb (Größe M)

150 g Weizenmehl

25 g gesiebter Backkakao

1 Pck. Dr. Oetker Pudding-Pulver Schokoladen-Geschmack

2 gestr. TL Dr. Oetker Backin

200 g Schlagsahne (mind. 30 % Fett)

100 g abgezogene, gem. Mandeln

4 Eiweiß (Größe M)

ZUM BESTÄUBEN:

etwas Puderzucker

1. Das Waffeleisen erhitzen und evtl. leicht fetten, dabei die Herstelleranleitung beachten.

2. Für den Teig Butter oder Margarine mit einem Mixer (Rührstäbe) auf höchster Stufe geschmeidig rühren. Nach und nach Zucker und Vanillin-Zucker unterrühren. So lange rühren, bis eine gebundene Masse entstanden ist.

3. Das Eigelb nach und nach unterrühren (jedes Eigelb etwa ½ Minute). Mehl mit Kakao, Pudding-Pulver und Backpulver mischen, portionsweise abwechselnd mit der Sahne auf mittlerer Stufe kurz unterrühren. Zuletzt die Mandeln kurz unterrühren. Eiweiß steif schlagen und unterheben.

4. Pro Waffel 2–3 Esslöffel Teig in das Waffeleisen geben und leicht verstreichen. Die Waffeln knusprig backen, herausnehmen und einzeln auf einem Kuchenrost erkalten lassen.

5. Waffeln mit Puderzucker bestäuben und servieren.

Tipps: Für beschwipste Waffeln können Sie die Hälfte der Sahne im Teig durch Kaffee- oder Whisky-Sahne-Likör ersetzen. Dazu schmeckt steif geschlagene Sahne (evtl. mit 1 Päckchen Dr. Oetker Finesse Orangenschalenaroma verfeinert), Vanilleeis oder heißes Birnenkompott mit Vanillesauce. Bereiten Sie **Waffeln nach Wiener Art** zu: Dafür die Waffeln mit Aprikosenkonfitüre bestreichen, mit steif geschlagener Sahne und Schokoladenraspeln servieren.

für Schokoholics

Vanillewaffeln mit Nougatfüllung 9–10 Doppelwaffeln (Brüsseler Waffeleisen)

PRO WAFFEL: E: 8 g, F: 29 g, Kh: 43 g, kJ: 1949, kcal: 466, BE: 3,5
ZUBEREITUNGSZEIT: 50 Minuten, ohne Abkühl- und Kühlzeit

FÜR DEN RÜHRTEIG:

125 g Butter oder Margarine (zimmerwarm)

75 g Puderzucker
3 Eier (Größe M)
225 g Weizenmehl
½ gestr. TL Dr. Oetker Backin
250 ml Bourbon-Vanille-Sauce (aus dem Kühlregal)

FÜR DIE FÜLLUNG:

100 g Haselnusskerne
150 g Nuss-Nougat
75 g Kuchenglasur, hell

1. Das Waffeleisen erhitzen und evtl. leicht fetten, dabei die Herstelleranleitung beachten.

2. Für den Teig Butter oder Margarine mit einem Mixer (Rührstäbe) auf höchster Stufe geschmeidig rühren. Nach und nach Puderzucker unterrühren. So lange rühren, bis eine gebundene Masse entstanden ist.

3. Die Eier nach und nach unterrühren (jedes Ei etwa ½ Minute). Mehl mit Backpulver mischen, abwechselnd mit der Vanille-Sauce in 2 Portionen auf mittlerer Stufe kurz unterrühren.

4. Pro Waffel 2–3 Esslöffel Teig in das Waffeleisen geben und leicht verstreichen. Die Waffeln goldbraun backen, herausnehmen und einzeln auf einem Kuchenrost erkalten lassen.

5. Für die Füllung von den Haselnusskernen 10 Stück beiseitelegen. Die restlichen Haselnusskerne in kleine Würfel hacken, in einer Pfanne ohne Fett unter Wenden goldbraun rösten. Anschließend auf einen Teller geben und erkalten lassen.

6. Nuss-Nougat und Kuchenglasur in einem kleinen Topf im Wasserbad bei schwacher Hitze unter Rühren schmelzen. 1 Esslöffel der Masse in eine Papier-Spritztüte geben und beiseitelegen. Die gerösteten Haselnusskerne unter die restliche Glasur heben.

7. Die Waffeln halbieren. Eine Hälfte der halbierten Waffeln mit der Nuss-Nougat-Creme bestreichen und jeweils die zweite Waffelhälfte darauflegen, leicht andrücken.

8. Die gefüllten Waffeln mit der Nuss-Nougat-Creme aus dem Papiertütchen bespritzen. Die beiseitegelegten Haselnusskerne halbieren und auf den Waffeln verteilen. Die Vanillewaffeln bis zum Verzehr zugedeckt kalt (nicht in den Kühlschrank) stellen.

einfach unwiderstehlich

Kuhfleckenwaffeln 8 Waffeln

PRO WAFFEL: E: 8 g, F: 18 g, Kh: 44 g, kJ: 1579, kcal: 377, BE: 3,5
ZUBEREITUNGSZEIT: 45 Minuten, ohne Abkühlzeit

FÜR DEN RÜHRTEIG:

50 g weiße Schokolade
50 g Vollmilch-Schokolade (etwa 30 % Kakaoanteil)
100 g Butter oder Margarine (zimmerwarm)
100 g Zucker
1 Pck. Dr. Oetker Vanillin-Zucker
3 Eier (Größe M)
250 g Weizenmehl
½ gestr. TL Dr. Oetker Backin
200 ml Milch (3,5 % Fett)
1 ½ EL gesiebter Backkakao

ZUM BESTÄUBEN:

etwas Puderzucker

1. Das Waffeleisen erhitzen und evtl. leicht fetten, dabei die Herstelleranleitung beachten.

2. Für den Teig beide Schokoladensorten zusammen in einem kleinen Topf im Wasserbad bei schwacher Hitze unter Rühren schmelzen und abkühlen lassen.

3. Butter oder Margarine mit einem Mixer (Rührstäbe) auf höchster Stufe geschmeidig rühren. Nach und nach Zucker und Vanillin-Zucker unterrühren. So lange rühren, bis eine gebundene Masse entstanden ist.

4. Die Eier nach und nach unterrühren (jedes Ei etwa ½ Minute). Mehl mit Backpulver mischen, abwechselnd mit der Milch in 2 Portionen auf mittlerer Stufe kurz unterrühren. Den Teig halbieren, unter eine Teighälfte die geschmolzene Schokolade und den Kakao rühren.

5. Pro Waffel von jeder Teighälfte etwa 1 ½ Esslöffel in Klecksen im Wechsel in das Waffeleisen geben.

6. Die Waffeln goldbraun backen, anschließend herausnehmen und einzeln auf einem Kuchenrost erkalten lassen.

7. Waffeln mit Puderzucker bestäuben und servieren.

Tipp: Kuhfleckenwaffeln mit frischem Obst oder Schokoladeneis servieren.
Möchten sie die Waffeln nicht ganz so dunkel und schokoladig, geben Sie nur 1 Teelöffel Backkakao in den Teig und backen Sie verschiedenfarbige Herzen **(Titelbild).**

für Kinder

Cornflakes-Schoko-Waffeln

8–9 Doppelwaffeln (Brüsseler Waffeleisen)

PRO WAFFEL: E: 9 g, F: 20 g, Kh: 35 g, kJ: 1512, kcal: 362, BE: 3,5
ZUBEREITUNGSZEIT: 50 Minuten, ohne Abkühlzeit

FÜR DEN RÜHRTEIG:

100 g Cornflakes
50 g Schokolade mit Milchcremefüllung für Kinder
125 g Butter oder Margarine (zimmerwarm)
40 g Zucker
50 g flüssiger Honig
3 Eier (Größe M)
100 g Weizenmehl
200 ml Milch (3,5 % Fett)

FÜR DEN BELAG:

200 g körniger Frischkäse
50 g geraspelte Schokolade mit Milchcremefüllung für Kinder

1. Für den Teig Cornflakes in einen Gefrierbeutel geben. Den Beutel verschließen. Cornflakes mit einer Teigrolle fein zerbröseln. Schokolade zuerst in Stücke brechen, dann in kleine Würfel schneiden.

2. Das Waffeleisen erhitzen und evtl. leicht fetten, dabei die Herstelleranleitung beachten.

3. Butter oder Margarine mit einem Mixer (Rührstäbe) auf höchster Stufe geschmeidig rühren. Nach und nach Zucker und Honig unterrühren. So lange rühren, bis eine gebundene Masse entstanden ist.

4. Die Eier nach und nach unterrühren (jedes Ei etwa ½ Minute). Mehl abwechselnd mit der Milch in 2 Portionen auf mittlerer Stufe kurz unterrühren. Cornflakesbrösel und Schokoladenwürfel unterheben.

5. Pro Waffel 2–3 Esslöffel Teig in das Waffeleisen geben und leicht verstreichen. Die Waffeln goldbraun backen, herausnehmen und einzeln auf einem Kuchenrost erkalten lassen.

6. Für den Belag Frischkäse auf den Waffeln verteilen und mit geraspelter Schokolade bestreuen. Die Cornflakes-Schoko-Waffeln sofort servieren.

Tipp: Die Waffeln mit frischen Früchten, z. B. Erdbeeren oder Bananen, servieren.

knusprig

Bananenwaffeln mit heißer Schokoladensauce 7–8 Waffeln

PRO WAFFEL: E: 8 g, F: 24 g, Kh: 37 g, kJ: 1645, kcal: 393, BE: 3,0
ZUBEREITUNGSZEIT: 50 Minuten, ohne Abkühlzeit

ZUM VORBEREITEN:

1 Banane
1 EL Zitronensaft

FÜR DEN SCHÜTTELTEIG:

200 g Weizenmehl
2 gestr. TL Dr. Oetker Backin
50 g gem. Haselnusskerne
75 g Zucker
1 Pck. Dr. Oetker Vanillin-Zucker
1 Prise Salz
3 Eier (Größe M)
4 EL Mineralwasser (medium)
125 g zerlassene, abgekühlte Butter oder Margarine

FÜR DIE SAUCE:

100 ml Milch (3,5 % Fett)
50 g Zartbitter-Schokolade (etwa 50 % Kakaoanteil)

1. Das Waffeleisen erhitzen und evtl. leicht fetten, dabei die Herstelleranleitung beachten.

2. Zum Vorbereiten Banane schälen, mit einer Gabel fein zerdrücken und mit Zitronensaft beträufeln. Bananenmus beiseitestellen.

3. Für den Teig Mehl mit Backpulver mischen und in eine verschließbare Schüssel (3-Liter-Inhalt) geben. Haselnusskerne, Zucker, Vanillin-Zucker und Salz untermischen. Eier, Mineralwasser und Butter oder Margarine hinzufügen.

4. Die Schüssel mit dem Deckel fest verschließen. Anschließend mehrmals (insgesamt 15–30 Sekunden) kräftig schütteln, sodass alle Zutaten gut vermischt sind. Das beiseitegestellte Bananenmus hinzufügen. Alles mit einem Schneebesen oder Rührlöffel nochmals sorgfältig durchrühren, damit vor allem trockene Zutaten vom Rand und Deckel mit untergerührt werden.

5. Pro Waffel 2–3 Esslöffel Teig in das Waffeleisen geben und leicht verstreichen. Die Waffeln goldbraun backen, herausnehmen und einzeln auf einem Kuchenrost erkalten lassen.

6. Für die Sauce Milch in einem kleinen Topf erhitzen. Schokolade in Stücke brechen und unter Rühren in der Milch schmelzen. Waffeln in die heiße Sauce dippen.

Tipp: Bereiten Sie die doppelte Menge Schokoladensauce zu. Schneiden Sie dann 1–2 Bananen in Stücke und spießen Sie sie auf kleine Holzstäbchen. Die Bananenstücke ebenfalls in die Schokoladensauce dippen.

so verführerisch

Schoko-Fudge-Waffeln 8–9 Waffeln

(Brüsseler Waffeleisen)

PRO WAFFEL: E: 8 g, F: 35 g, Kh: 57 g, kJ: 2421, kcal: 578, BE: 4,5
ZUBEREITUNGSZEIT: 45 Minuten, ohne Abkühlzeit

FÜR DIE KARAMELLCREME:

75 g Zucker
3 EL Wasser
150 g Schlagsahne
Mark von **½** Vanilleschote
1 Prise Fleur de Sel (Meersalzflocken)

FÜR DEN TEIG:

75 g festes Fudge (Karamell-Konfekt)
1 TL Weizenmehl
100 g Butter oder Margarine (zimmerwarm)
120 g Zucker
3 Eigelb (Größe M)
250 g Weizenmehl
2 gestr. TL Dr. Oetker Backin
100 g Schlagsahne
100 ml Milch (3,5 % Fett)
30 g Zartbitter-Raspelschokolade
3 Eiweiß (Größe M)
1 Prise Salz
¼–½ gestr. TL Fleur de Sel (Meersalzflocken)

FÜR DIE SCHMANDCREME:

150 g Schlagsahne (mind. 30 % Fett)
200 g Schmand (Sauerrahm)
½ TL abgeriebene Schale von **1** Bio-Zitrone (unbehandelt, ungewachst)

1. Für die Karamellcreme Zucker und Wasser in einem unbeschichteten Topf (am besten aus Edelstahl) bei mittlerer Hitze goldgelb karamellisieren. Sahne hinzugießen (Achtung: Es spritzt!) und unter ständigem Rühren bei mittlerer Hitze so lange köcheln lassen, bis die Karamell-Sahne-Masse glatt ist. Vanillemark und Fleur de Sel unterrühren. Die Zutaten zu einer leicht dicklichen Masse einkochen lassen. Karamellcreme in eine Schüssel geben und erkalten lassen (sie dickt beim Abkühlen nach).

2. Für den Teig Fudge sehr fein würfeln, mit Mehl bestäuben und mischen. Fudgewürfel beiseitestellen. Butter oder Margarine auf höchster Stufe geschmeidig rühren. Den Zucker unterrühren. So lange rühren, bis eine gebundene Masse entstanden ist. Dann Eigelb unterrühren.

3. Mehl mit Backpulver mischen und in 2 Portionen abwechselnd mit Sahne und Milch auf mittlerer Stufe kurz unterrühren. Raspelschokolade und Fudgewürfel auf mittlerer Stufe kurz unterrühren. Den Teig etwa 5 Minuten stehen lassen.

4. Inzwischen Eiweiß mit Salz steif schlagen. Der Eischnee muss so fest sein, das ein Messerschnitt sichtbar bleibt. Eischnee unter den Teig heben. Anschließend Fleur de Sel unterrühren.

5. Das Waffeleisen erhitzen und evtl. leicht fetten, dabei die Herstelleranleitung beachten.

6. Pro Waffel 2–3 Esslöffel Teig in das Waffeleisen geben und leicht verstreichen. Die Waffeln goldbraun backen, herausnehmen und einzeln auf einem Kuchenrost erkalten lassen.

7. Für die Schmandcreme Sahne steif schlagen. Schmand und Zitronenschale glatt rühren, die Sahne unterheben. Waffeln mit der Schmand- und Karamellcreme servieren.

mit Fleur de Sel

Allgemeine Hinweise

ABKÜRZUNGEN

EL = Esslöffel
TL = Teelöffel
Msp. = Messerspitze
Pck. = Packung/Päckchen
g = Gramm
kg = Kilogramm
ml = Milliliter
l = Liter
evtl. = eventuell
geh. = gehäuft
gem. = gemahlen
ger. = gerieben
gestr. = gestrichen

KALORIEN-/ NÄHRWERTANGABEN

E = Eiweiß
F = Fett
Kh = Kohlenhydrate
kJ = Kilojoule
kcal = Kilokalorien
BE = Broteinheiten

Bei den Nährwertangaben in den Rezepten handelt es sich um auf- bzw. abgerundete ganze Werte. Lediglich die Broteinheiten werden in 0,5er-Schritten mit einer Stelle nach dem Komma angegeben. Aufgrund von ständigen Rohstoffschwankungen und/ oder Rezepturveränderungen bei Lebensmitteln kann es zu Abweichungen kommen. Die Nährwertangaben dienen daher lediglich Ihrer Orientierung und eignen sich nur bedingt für die Berechnung eines Diätplans, zum Beispiel bei Krankheiten wie Diabetes.
Bei krankheitsbedingten Diäten richten Sie sich daher bitte nach den Anweisungen Ihres Diätassistenten bzw. Ihres Arztes.

ALLGEMEINE HINWEISE ZU DEN REZEPTEN

Lesen Sie vor der Zubereitung – besser noch vor dem Einkauf – das Rezept vollständig durch. So werden Arbeitsabläufe oder -zusammenhänge klarer.

ZUTATENLISTE

Die Zutaten sind in der Reihenfolge ihrer Verarbeitung aufgeführt.

ARBEITSSCHRITTE

Die Arbeitsschritte sind einzeln hervorgehoben, in der Reihenfolge, in der sie von uns ausprobiert wurden.

ZUBEREITUNGSZEITEN

Die Zubereitungszeit ist ein Anhaltswert für die Zeit der Vorbereitung und der eigentlichen Zubereitung. Die Garzeiten, die nicht in diese Zeit fallen, sind gesondert ausgewiesen. Längere Wartezeiten wie z. B. Kühl- und Auftauzeiten sind nicht mit einbezogen.

WAFFELEISEN

Im Handel sind unterschiedliche Waffeleisen erhältlich. Es gibt verschiedene Größen und Formen. Für Familien und größere Mengen gibt es auch Waffeleisen, die 2 Waffeln gleichzeitig backen können. Auch bei den Brüsseler Waffeleisen (eckige Waffeln) ist die Dicke der fertigen Waffeln je nach verwendetem Waffeleisen unterschiedlich. So ist es möglich, dass die angegebenen Teigmengen mehr oder weniger Waffeln ergeben. Wir empfehlen, eine Probewaffel zu backen und die Backzeit sowie die Teigmenge daran auszurichten. Fast alle Waffeleisen sind mittlerweile antihaftbeschichtet. Zum Herausnehmen der fertig gebackenen Waffeln sollten Sie Pfannenwender aus Holz oder hitzebeständigem Kunststoff verwenden. Die Backzeiten können je nach verwendetem Waffeleisen kürzer oder länger sein. Die fertig gebackenen Waffeln sollten auf beiden Seiten goldbraun sein. Die meisten Waffeln schmecken warm und kalt lecker. Bleiben einmal Waffeln übrig, können Sie sie gut verpackt 1–2 Tage aufbewahren. Dann einfach in einem Toaster aufbacken. Waffeln können auch auf Vorrat gebacken und eingefroren werden. Die leicht angetauten Waffeln einfach noch mal kurz im Waffeleisen oder im Backofen erwärmen.

Versuch macht klug!

Selbst mitmachen und die Dr. Oetker Versuchsküche live erleben – heißt es in Bielefeld. Dort finden regelmäßig Seminare und Vorführungen statt, bei denen den Profis der Versuchsküche über die Schulter geschaut und selbst Hand angelegt werden kann.

Es gibt wertvolle Tipps und so manch raffinierter Trick wird verraten. Zum Abschluss kann das Selbstgemachte in gemütlicher Runde probiert werden. Erleben Sie einen schönen Tag in der Dr. Oetker Versuchsküche.
Wir freuen uns auf Sie.

Alle Infos unter www.oetker.de oder unter 00800 71 72 73 74 (gebührenfrei in Deutschland).

Alphabetisches Register

A

Amarettini-Waffeln ... 56
Apfelwaffeln ... 22

B

Bananenwaffeln mit heißer Schokoladensauce ... 88
Bergische Waffeln ... 78
Brüsseler Waffeln ... 72
Buchweizenwaffeln mit Pflaumen-Schmand ... 40
Buttermilchwaffeln mit Orangencreme ... 44

C/D

Chai-Mandelmilch-Waffeln ... 20
Chai-Tea ... 58
Cornflakes-Schoko-Waffeln ... 86
Cranberry-Waffeln ... 24
Dinkelwaffeln mit Datteln ... 26
Double-Choc-Waffeln ... 80

E

Eierwaffeln mit Maracujacreme ... 48
Einfache Waffeln ... 76
Erdnuss-Crunch-Waffeln ... 42

F/G

Fanta* Waffeln ... 66
Fruchtige Ringelwaffeln ... 28
Fruchtpunsch ... 58
Fruchtpüreewaffeln ... 12
Griechische Hefewaffeln ... 30
Grüne Waldmeisterwaffeln ... 36

H

Haferflockenwaffeln mit Aprikosen ... 18
Hamburger Kaffeewaffeln ... 10
Hefewaffeln ... 64
Hefewaffeln, griechische ... 30
Hugo-Waffeln ... 32

K/L

Kaffeewaffeln, Hamburger ... 10
Kirmes-Waffeln ... 68
Kokoswaffeln ... 60
Kuhfleckenwaffeln ... 84
Lebkuchenwaffeln ... 24
Lütticher Waffeln ... 34

M/N

Marshmallow-Waffeln „Deli-Style" ... 54
Marzipan-Sahne-Waffeln ... 62
Mascarpone-Waffeln ... 14
Milchreis ... 74
Nusswaffeln, schnelle ... 70

O/Q/R

Orangenwaffeln mit Aperol-Sahne ... 38
Ostfriesenwaffeln ... 50
Quarkwaffeln ... 74
Ricotta-Honig-Waffeln, sizilianische ... 6
Ringelwaffeln, fruchtige ... 28
Rote Grütze ... 64

S

Schnelle Nusswaffeln ... 70
Schoko-Fudge-Waffeln ... 90
Sizilianische Ricotta-Honig-Waffeln ... 6
Spekulatiuswaffeln ... 58
Stollenwaffeln ... 8

V/W/Z

Vanillejoghurt-Waffeln mit Erdbeeren ... 16
Vanillewaffeln mit Nougatfüllung ... 82
Waffeln mit Limetten-Basilikum-Creme ... 52
Waldmeisterwaffeln, grüne ... 36
Ziegenfrischkäse-Nocken ... 26
Zimt-Parfait ... 70
Zitronen-Polenta-Waffeln ... 46

Kapitelregister

FEIN MIT FRÜCHTEN

Sizilianische Ricotta-Honig-Waffeln	6
Stollenwaffeln	8
Hamburger Kaffeewaffeln	10
Fruchtpüreewaffeln	12
Mascarpone-Waffeln	14
Vanillejoghurt-Waffeln mit Erdbeeren	16
Haferflockenwaffeln mit Aprikosen	18
Chai-Mandelmilch-Waffeln	20
Apfelwaffeln	22
Cranberry-Waffeln	24
Lebkuchenwaffeln	24
Dinkelwaffeln mit Datteln	26
Ziegenfrischkäse-Nocken	26
Fruchtige Ringelwaffeln	28

CREMEGEKRÖNT

Griechische Hefewaffeln	30
Hugo-Waffeln	32
Lütticher Waffeln	34
Grüne Waldmeisterwaffeln	36
Orangenwaffeln mit Aperol-Sahne	38
Buchweizenwaffeln mit Pflaumen Schmand	40
Erdnuss-Crunch-Waffeln	42
Buttermilchwaffeln mit Orangencreme	44
Zitronen-Polenta-Waffeln	46
Eierwaffeln mit Maracujacreme	48
Ostfriesenwaffeln	
Waffeln mit Limetten-Basilikum-Creme	52
Marshmallow-Waffeln „Deli-Style"	54

SO SCHLICHT – SO LECKER

Amarettini-Waffeln	56
Spekulatiuswaffeln	58
Chai-Tea	58
Fruchtpunsch	58
Kokoswaffeln	60
Marzipan-Sahne-Waffeln	62
Hefewaffeln	64
Rote Grütze	64
Fanta* Waffeln	66
Kirmes-Waffeln	68
Schnelle Nusswaffeln	70
Zimt-Parfait	70
Brüsseler Waffeln	72
Quarkwaffeln	74
Milchreis	74
Einfache Waffeln	76
Bergische Waffeln	78

SCHOKOLADIG

Double-Choc-Waffeln	80
Vanillewaffeln mit Nougatfüllung	82
Kuhfleckenwaffeln	84
Cornflakes-Schoko-Waffeln	86
Bananenwaffeln mit heißer Schokoladensauce	88
Schoko-Fudge-Waffeln	90

Für Fragen, Vorschläge oder Anregungen stehen Ihnen der Verbraucherservice der Dr. Oetker Versuchsküche Telefon: 00800 71 72 73 74 Mo.–Fr. 8:00–18:00 Uhr (gebührenfrei in Deutschland) oder die Mitarbeiter des Dr. Oetker Verlages Telefon: +49 (0) 521 52 06 42 Mo.–Fr. 9:00–15:00 Uhr zur Verfügung. Oder schreiben Sie uns: Dr. Oetker Verlag KG, Am Bach 11, 33602 Bielefeld. Oder besuchen Sie uns online im Internet unter www.oetker-verlag.de, www.facebook.com/Dr.OetkerVerlag oder www.oetker.de.

Umwelthinweis: Dieses Buch und der Einband wurden auf FSC®-zertifiziertem, chlorfrei gebleichtem Papier gedruckt. Die Einschrumpffolie – zum Schutz vor Verschmutzung – ist aus umweltfreundlichem und recyclingfähigem PE-Material.

FSC www.fsc.org MIX Papier aus verantwortungsvollen Quellen FSC® C011124

Redaktion: Carola Hülshoff, Christina Langner

Titelfoto: Thomas Diercks, Hamburg
Innenfotos: Fotostudio Diercks – Thomas Diercks, Kai Boxhammer, Christiane Krüger, Hamburg (S. 5–11, 15, 19–49, 53–57, 61–73, 77, 81–91)
Norbert Toelle, Bielefeld (S. 75)
Brigitte Wegner, Bielefeld (S. 13, 17, 51, 58, 79)

Rezeptentwicklung und -beratung: Susanne Raht, Hamburg
Nährwertberechnungen: Nutri Service, Hennef

Wir danken für die freundliche Unterstützung: Coca-Cola, Berlin

Grafisches Konzept und Satz: kontur:design, Bielefeld
Titelgestaltung: küstenwerber, Hamburg

Reproduktionen: Mohn Media Mohndruck GmbH, Gütersloh
Druck und Bindung: Mohn Media Mohndruck GmbH, Gütersloh

ISBN: 978-3-7670-0886-1